Dados Internacionais de Catalogação na Publicação (CIP)
(Câmara Brasileira do Livro, SP, Brasil)

Bona, Pasquale, 1816-1878.
　Método completo de divisão musical / Bona. --
renovada e ampl. por Vicente Aricó
Júnior. -- São Paulo : Irmãos Vitale

　1. Música - Estudo e ensino 2. Solfejo
I. Título.

ISBN 85-7407-070-X
ISBN 978-85-7407-070-4

99-1569　　　　　　　　　　　　　　　　　　CDD-781.423

Índices para catálogo sistemático:

1. Divisão musical　　781.423

PASQUALE BONA, COMPOSITOR ITALIANO, NASCEU EM CERIGNOLA
(APULIAS-ITÁLIA) EM 3 DE NOVEMBRO DE 1816 E MORREU EM 2 DE
DEZEMBRO DE 1878. FOI CATEDRÁTICO DE CANTO ERUDITO NO REAL
CONSERVATÓRIO DE MILÃO.

EXPRESSAMENTE COMPOSTO PARA OS DISCÍPULOS
DO REAL CONSERVATÓRIO DE MILÃO

INSTRUÇÕES PRELIMINARES

Entende-se por divisão musical a pronunciação dos nomes das notas como se lêem e se articulam as palavras, porém prolongando a duração das figuras conforme o seu valor.

Para um melhor e eficiente aproveitamento da leitura musical ou mesmo do solfejo, o ideal seria nomear as notas segundo sua função real, isto é, distinguindo as notas naturais das alteradas. (1) Vide página n.º 126.

JUSTIFICATIVA

Considerando que o autor escreveu o presente método há quase um século e que, embora suas bases mereçam todo o respeito, os conhecimentos musicais hodiernos, no que tange ao ritmo, mormente com o advento do Jazz, estão a exigir outros mais, condizentes com a realidade atual. Para isso foram acrescentados outros exercícios não só para o fim expresso, como também para suavisar as dificuldades que se deparavam no livro todo, mormente na primeira parte.

As lições são sempre elucidadas com exemplos de teoria aplicada. Assim, além dos exercícios acrescentados, foi alterada a ordem das lições em apreço por fatores didáticos.

No apêndice, procurou-se antes de entrar nas lições em diversas claves, dar ao aluno exercícios até familiarizar-se com a leitura das notas nas referidas claves.

A elaboração deste trabalho não visou outra coisa senão o nobre propósito de fazer com que este método seja realmente acessível à compreensão do aluno, ajudando assim à perpetuação desta obra de arte.

VICENTE ARICÓ JÚNIOR

São Paulo, 20 de dezembro de 1954

A música escreve-se sobre um pautado de 5 linhas e 4 espaços que se denomina pentagrama.

5ª linha ——————————————————————————
4ª linha —————————————————————— 4º espaço
3ª linha —————————————————————— 3º espaço
2ª linha —————————————————————— 2º espaço
1ª linha —————————————————————— 1º espaço

Toda a música no princípio do pentagrama, traz um sinal que se chama clave; esta clave poderá ser de Fá, de Dó ou de Sol. Por enquanto nos ocuparemos somente com a clave de sol, a qual dá o seu nome à nota que está colocada na linha em que se assina.

Clave de Sol
Sol

O abc musical compõe-se de 7 notas que são: Dó-ré-mi-fá-sol-lá-si.

Tomando como ponto de partida o Dó e dividindo a série das oitavas em duas partes, denominando **oitavas** ascendentes aquelas sobre o Dó, **oitavas** descendentes sob o Dó, teremos o seguinte esquema:

Dó
1ª oitava ascendente: re-mi-fá-sol-lá-si do 2ª oitava ascendente: re-mi-fá-sol-lá-si do 3ª oitava ascend.: re-mi-fá etc.
1ª oitava descendente: si-lá-sol-fá-mi-re do 2ª oitava descendende: si-lá-sol-fá-mi-re do 3ª oitava descend.: si-lá-sol etc

Para a memorização das notas, é de grande proveito ler as notas através dos exercícios que adiante enumeraremos. A fim de facilitar o trabalho do professor e dos discípulos, as notas serão numeradas em grupos de três e de quatro. Todos os compassos são numerados de dois em dois, a fim de facilitar o professor em suas aulas coletivas.

NOTAS NAS LINHAS

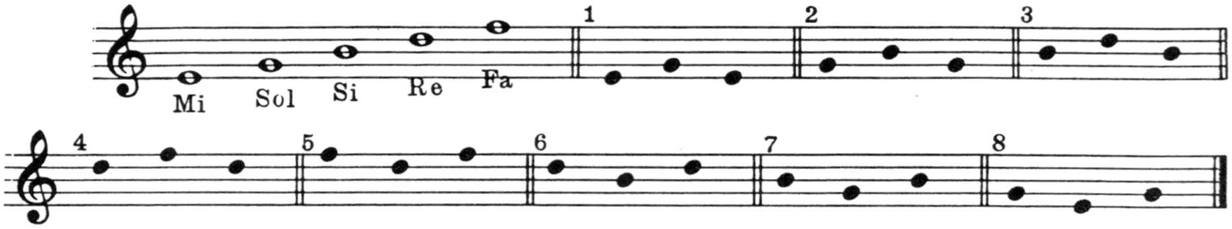

Mi Sol Si Re Fa

NOTAS NOS ESPAÇOS

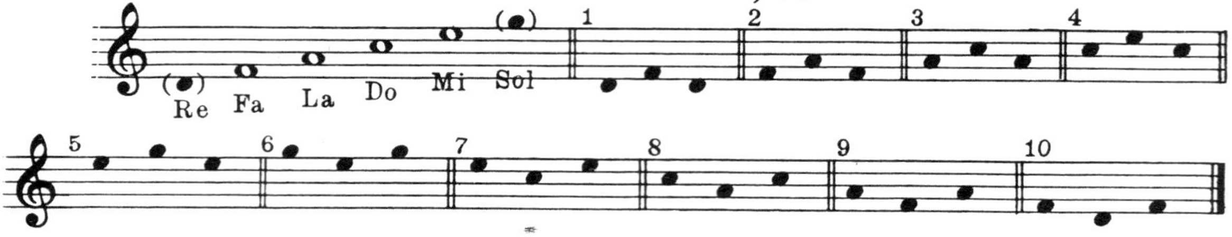

Re Fa La Do Mi Sol

EXERCICIO MISTO

Não sendo suficiente o pentagrama para exprimir todos os sons, desde o mais grave ao mais agudo, se acrescentam pequenas linhas abaixo e acima do pentagrama, sendo que, as que vão na parte superior se contam de baixo para cima, e as que vão na parte inferior, de cima para baixo.

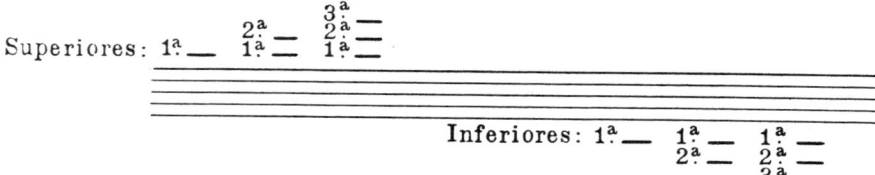

NOTAS NAS LINHAS E NOS ESPAÇOS SUPLEMENTARES INFERIORES:

Re Do Si La Sol

NOTAS NAS LINHAS E ESPAÇOS SUPLEMENTARES SUPERIORES:

RESUMO

DURAÇÃO DOS VALORES

Os valores se subdividem em dois tipos de proporção:

1 — proporção binária — chamado valor simples.

2 — proporção ternária — chamado valor composto.

Os valores binários subdividem-se binariamente, isto é, 1 para 2; uma figura qualquer tem o valor de 2 de sua subseqüente. Para verificar isso, é preciso um sistema de valores e uma notação especial que o exprima.

Cada valor se apresenta de forma diferente, constituindo assim o preceito fundamental da notação dos valores.

São sete os valores usados:

Semibreve	o	que tem como denominador o número	1
Mínima	⌐	,, ,, ,, ,, ,, ,,	2
Semínima	♩	,, ,, ,, ,, ,, ,,	4
Colcheia	♪	,, ,, ,, ,, ,, ,,	8
Semicolcheia	♬	,, ,, ,, ,, ,, ,,	16
Fusa		,, ,, ,, ,, ,, ,,	32
Semifusa		,, ,, ,, ,, ,, ,,	64

Quadro comparativo dos valores simples (binários) com suas subdivisões:

Quadro comparativo dos valores compostos (ternários) com suas subdivisões:

Chama-se valor positivo a figura que produz som e a que não o produz, negativo ou pausa.

Todo o valor positivo tem o seu correspondente negativo.

COMPASSO

O início de cada compasso vem indicado com uma linha vertical que atravessa o pentagrama e que se denomina barra de compasso.

| 1º compasso | 2º compasso | 3º compasso |

O último compasso vem sempre fechado com uma barra fina e outra dupla.

As pequenas partes que dividem o compasso chamam-se tempos.

Temos compassos de

2 tempos
3 tempos   que se chamam: compasso binário
4 tempos   »   ternário
                            »   quaternário

MANEIRA DE MARCAR OS COMPASSOS

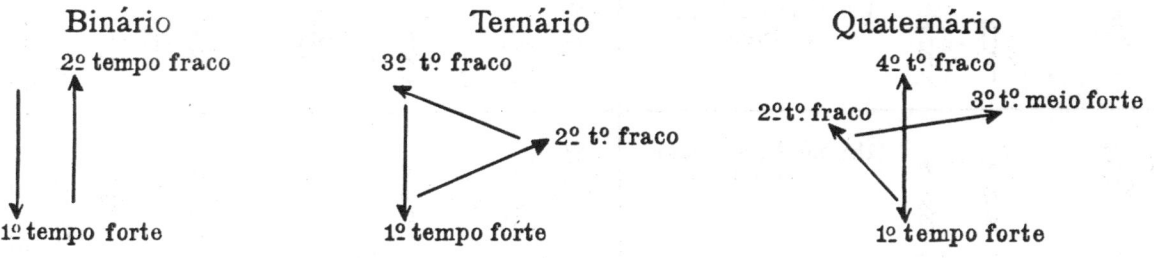

Ao se baterem os tempos dos compassos, é necessário que haja regularidade e que aos seus tempos fortes se dê maior acentuação.

A divisão do compasso simples é indicada no começo da pauta e depois da clave por números sobrepostos.

O número superior (numerador) indica a quantidade de tempos que deve compor cada compasso.

O número inferior (denominador) indica qual a figura que deve formar cada tempo.

TABELA DA FORMAÇÃO DE TODOS OS COMPASSOS SIMPLES

BINÁRIO divisível por 2			TERNÁRIO divisível por 3	QUATERNÁRIO divisível por 4
$\frac{2}{1}$	o o	Unidade de tempo a semibreve	$\frac{3}{1}$ o o o	$\frac{4}{1}$ o o o o
$\frac{2}{2}$ ou ¢	♩ ♩	Unidade de tempo a mínima (mais em uso)	$\frac{3}{2}$ ♩ ♩ ♩	$\frac{4}{2}$ ♩ ♩ ♩ ♩
$\frac{2}{4}$	♩ ♩	Unidade de tempo a semínima (mais em uso)	$\frac{3}{4}$ ♩ ♩ ♩ (mais em uso)	$\frac{4}{4}$ ou C ♩ ♩ ♩ ♩ mais em uso)
$\frac{2}{8}$	♪ ♪	Unidade de tempo a colcheia	$\frac{3}{8}$ ♪ ♪ ♪ (mais em uso)	$\frac{4}{8}$ ♪ ♪ ♪ ♪
$\frac{2}{16}$	♬ ♬	Unidade de tempo a semicolcheia	$\frac{3}{16}$ ♬ ♬ ♬	$\frac{4}{16}$ ♬ ♬ ♬ ♬
$\frac{2}{32}$	♬ ♬	Unidade de tempo a fusa	$\frac{3}{32}$ ♬ ♬ ♬	$\frac{4}{32}$ ♬ ♬ ♬ ♬
$\frac{2}{64}$	♬ ♬	Unidade de tempo a semifusa	$\frac{3}{64}$ ♬ ♬ ♬	$\frac{4}{64}$ ♬ ♬ ♬ ♬

Para um cálculo correto e preciso com relação a duração dos valores, é indispensável não só a divisão do compasso, mas também uma subdivisão; porque, quanto mais subdividido o compasso, mais fácil resulta a percepção do espaço de um ponto a outro.

A divisão do compasso é assinalada pelos tempos; a subdivisão se obtém decompondo o valor de cada tempo. Assim temos nos compassos:

De 2 tempos – 4 subdivisões;
De 3   ,,   – 6   ,,
De 4   ,,   – 8   ,,

COMPASSO BINÁRIO (de 2 tempos)

COMPASSO TERNÁRIO (de 3 t.)

COMPASSO QUATERNÁRIO (de 4 t.)

EXEMPLOS DE EXECUÇÃO

Os números 1, 2 indicam os tempos que constituem o compasso binário.

A sílaba Dó-o, indica a pronúncia prolongada com a leve acentuação de cada prolação.

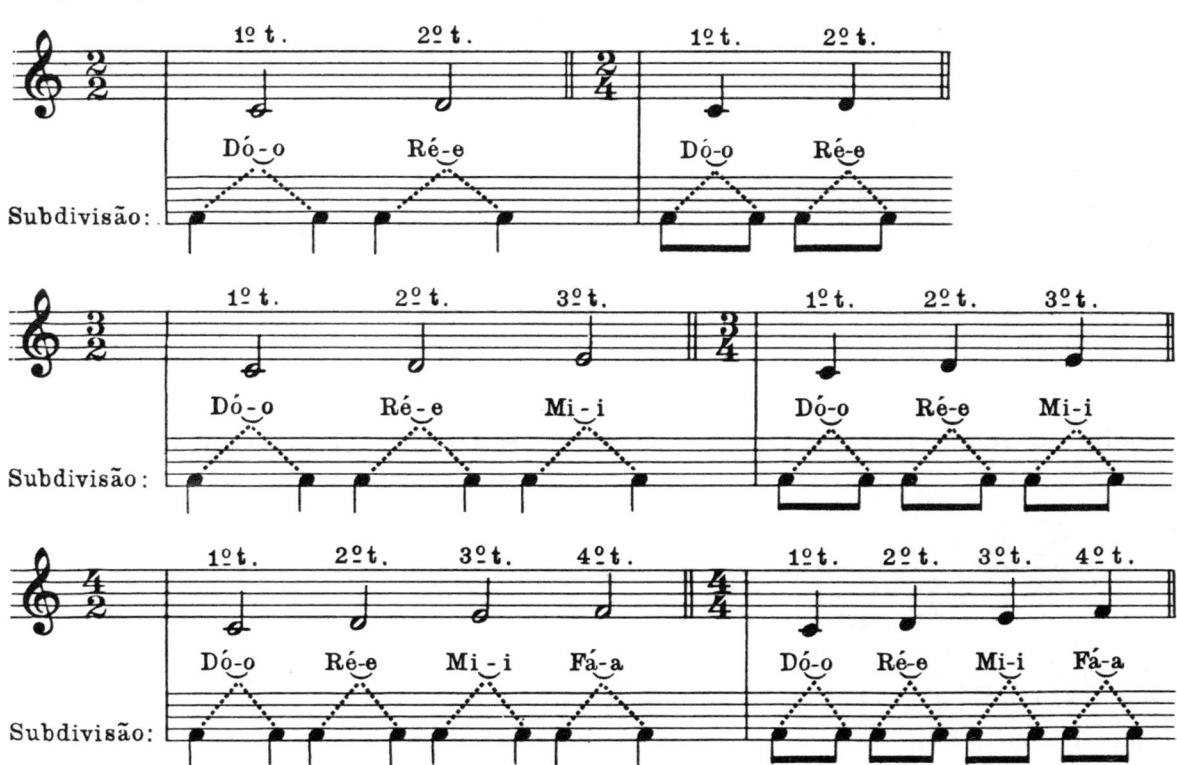

P. Bona - Método Completo de Divisão Musical

PRIMEIRA PARTE

Escala de semibreves – compasso binário onde a o vale 2 tempos

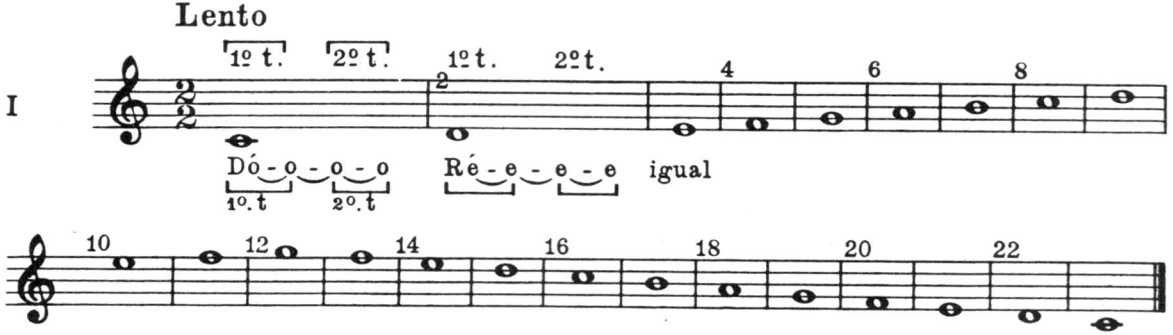

Escala de mínimas – compasso binário onde a ♩ vale 2 tempos

Escala de semibreves pontuadas – compasso ternário onde a o. vale 3 tempos

Compasso ternário onde a mínima pontuada 𝅗𝅥. vale 3 tempos.

Compasso quaternário onde a 𝅝 vale 4 tempos.

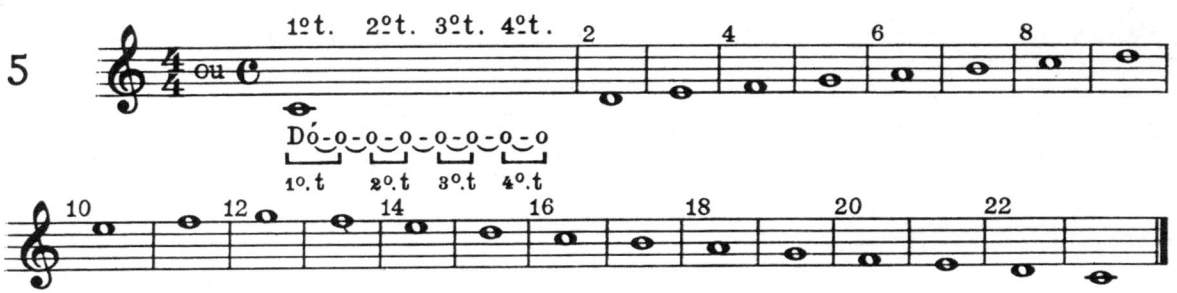

INTERVALOS DE TERÇA

Intervalo é a distância que separa uma nota da outra.

NOTA — As lições assinaladas com uma só ✻ são do autor do método, apenas modificadas para fins didáticos, e as assinaladas com duas ✻ ✻, são de autoria do revisor.

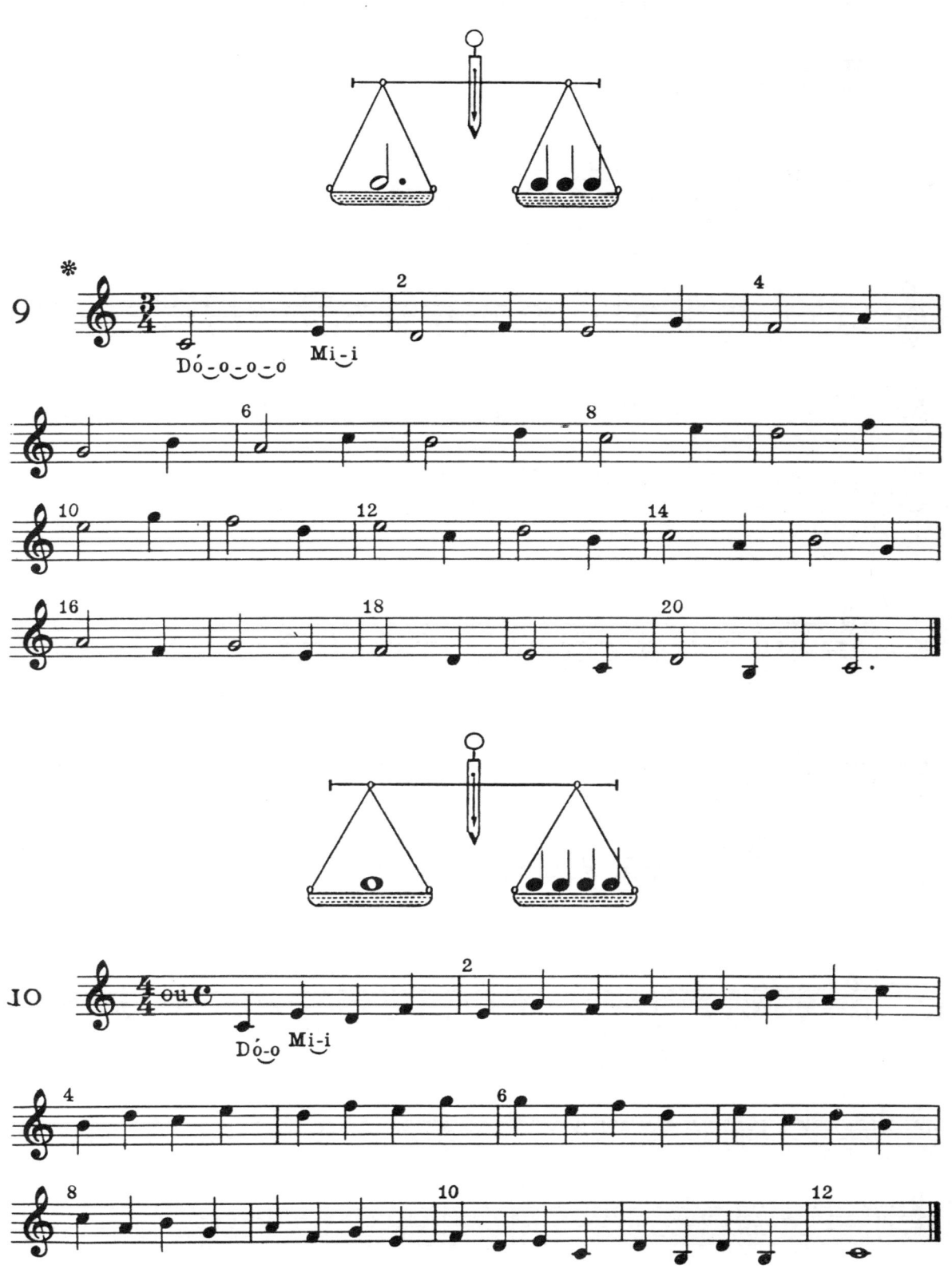

INTERVALOS DE QUARTA

INTERVALOS DE QUINTA

INTERVALOS DE SEXTA

INTERVALOS DE SÉTIMA

INTERVALOS DE OITAVA

RESUMO

ESCALA DE COLCHEIAS

EXERCÍCIOS COM COLCHEIAS - SEMÍNIMAS - MÍNIMAS
INTERVALOS DE TERÇA

INTERVALOS DE SEXTA

La Si Do

INTERVALOS DE SÉTIMA

RESUMO

INTERVALOS DE NONA

INTERVALOS DE DÉCIMA

CONTRATEMPO

Ficou dito na página que se tratou da maneira de bater os tempos dos compassos, que há tempos fortes e fracos e alguns meio-forte.

Toda vez que os tempos dos compassos se apresentam com sub-divisão rítmica, há então partes fortes e fracas dos tempos.

Exemplo:

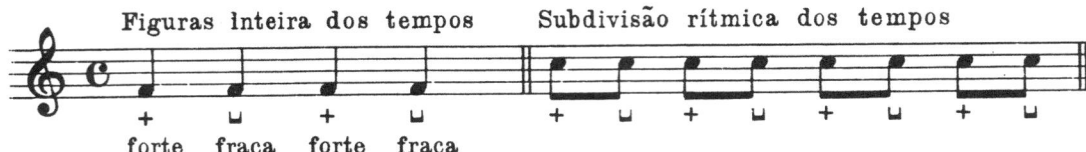

Apresenta-se o ritmo em Contratempo toda vez que nos tempos fortes do compasso ou partes fortes dos tempos em lugar de se encontrar nota encontra-se pausa.

Exemplo:

58

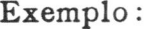

PONTO SIMPLES DE AUMENTO

Um ponto colocado ao lado direito de uma nota ou de uma pausa, acresce o valor da mesma metade de seu valor.

LIÇÃO EM SEMICOLCHEIAS

COM FIGURAS MAIORES INTERCALADAS

DUPLO E TRIPLO PONTO DE AUMENTO

A figura poderá ser acrescida com mais de um ponto de aumento e nesse caso toma o nome de valor irregular.

O valor do 2º ponto é a metade do 1º e assim sucessivamente.

SINAIS DE ALTERAÇÃO OU ACIDENTES

Os acidentes ou sinais de alteração, servem para elevar ou abaixar a entoação das notas,

SÃO OS SEGUINTES OS SINAIS DE ALTERAÇÃO:

1 — O sustenido (♯) que eleva a entoação da nota natural de um semitono ou meio tono.

2 — O dobrado sustenido (×) ou (♯♯) que eleva a entoação da nota natural de um tono ou de meio tono a nota já sustenizada.

3 — O bemol (♭) que abaixa a entoação da nota natural de meio tono.

4 — O dobrado bemol (♭♭) que abaixa a entoação da nota natural de de um tono ou de meio tono a nota já bemolizada:

5 — O bequadro (♮) que anula o efeito dos outros sinais de alteração.

6-7 — Para anular o efeito do dobrado sustenido ou dobrado bemol, coloca-se o dobrado bequadro (♮♮) antes da nota. que deve voltar ao som natural.

8-9 — Colocando (♮♯) ou (♮♭) indica que a nota com × ou com ♭♭ fica simplesmente ♯ ou ♭.

Chama-se semitono diatônico, aquele que é formado de duas notas de nomes diferentes; o semitono cromático, o de duas notas do mesmo nome.

Os acidentes junto á clave alteram em todo o decurso da peça as notas do mesmo nome, mas, ocorrendo no meio da composição, dominam sòmente o compasso em que estão.

Quando a última nota de um compasso tem algum acidente, e a nota do compasso seguinte é do mesmo nome e ligada, o referido acidente servirá também para esta outra.

Exemplo: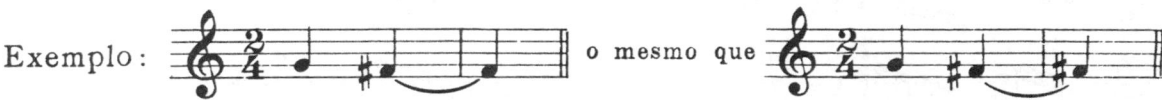

Porém, se se apresenta desta outra maneira, o procedimento será assim:

Exemplo:

Para que se compreenda melhor o efeito indicado pelos sinais de alteração, representamos aqui, uma parte do teclado do piano com as indicacoes necessárias.

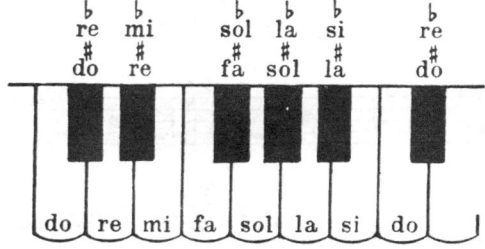

Há sete sustenidos e sete bemóis, chamados fixos, isto é, que se colocam logo após a clave. Os sustenidos seguem a ordem de 5ªˢ subindo e os bemóis de 5ªˢ descendo.

Exemplo:

LIGADURA SOMATÓRIA OU DE VALOR

Esta ligadura ⌒ serve para somar ou unir duas ou mais notas da mesma altura e do mesmo nome num só valor; neste caso, só se pronuncia o nome da primeira, aumentada do valor das demais.

O ponto simples, duplo ou triplo poderá ser substituído pela ligatura somatória.

Exemplo:

Exemplo de ponto simples, dobrado e ligadura.

SÍNCOPA

Os tempos fortes e partes fortes dos tempos vão assinalados com uma cruzeta (+) e os tempos fracos e partes fracas dos tempos, por uma braquia (U)

Exemplo:

A síncopa tem início na nota que se acha no movimento fraco em relação ao forte seguinte e que se prolonga para este.

Quando se prolonga para um valor de maior ou menor duração, temos a síncopa irregular.

Toda a síncopa deverá ser bem acentuada visto resultar da inversão dos acentos fortes e fracos.

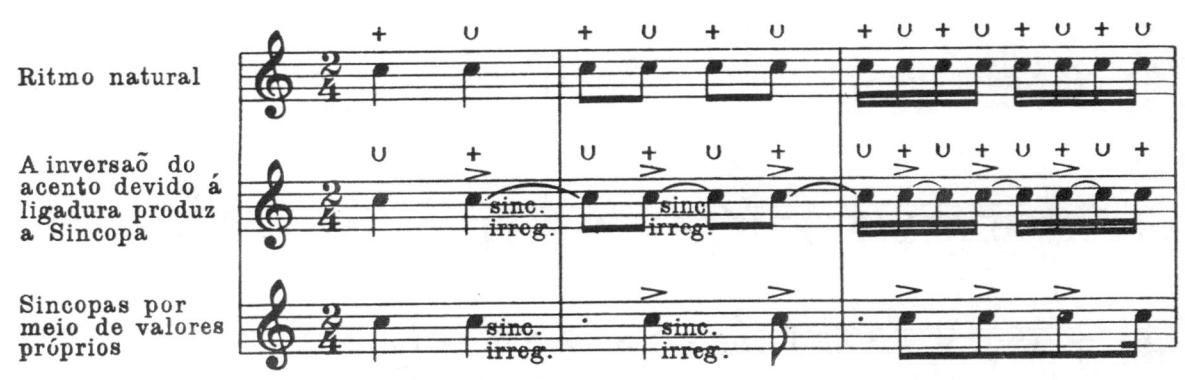

Ritmo natural

A inversão do acento devido á ligadura produz a Sincopa

Sincopas por meio de valores próprios

De uma maneira prática, também se distingue a síncopa, quando aparece um valor maior entre dois valores menores.

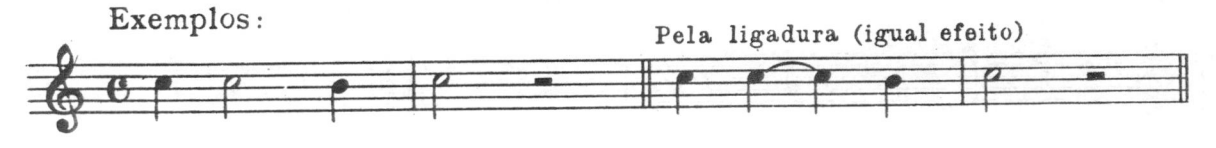

Exemplos:

Pela ligadura (igual efeito)

P. Bona - Método Completo de Divisão Musical

EXERCÍCIO COM SÍNCOPA

82

EXERCÍCIO COM SÍNCOPA REGULAR E IRREGULAR

83

sinc.reg.

sinc.irreg.

sinc.irreg.

84

85

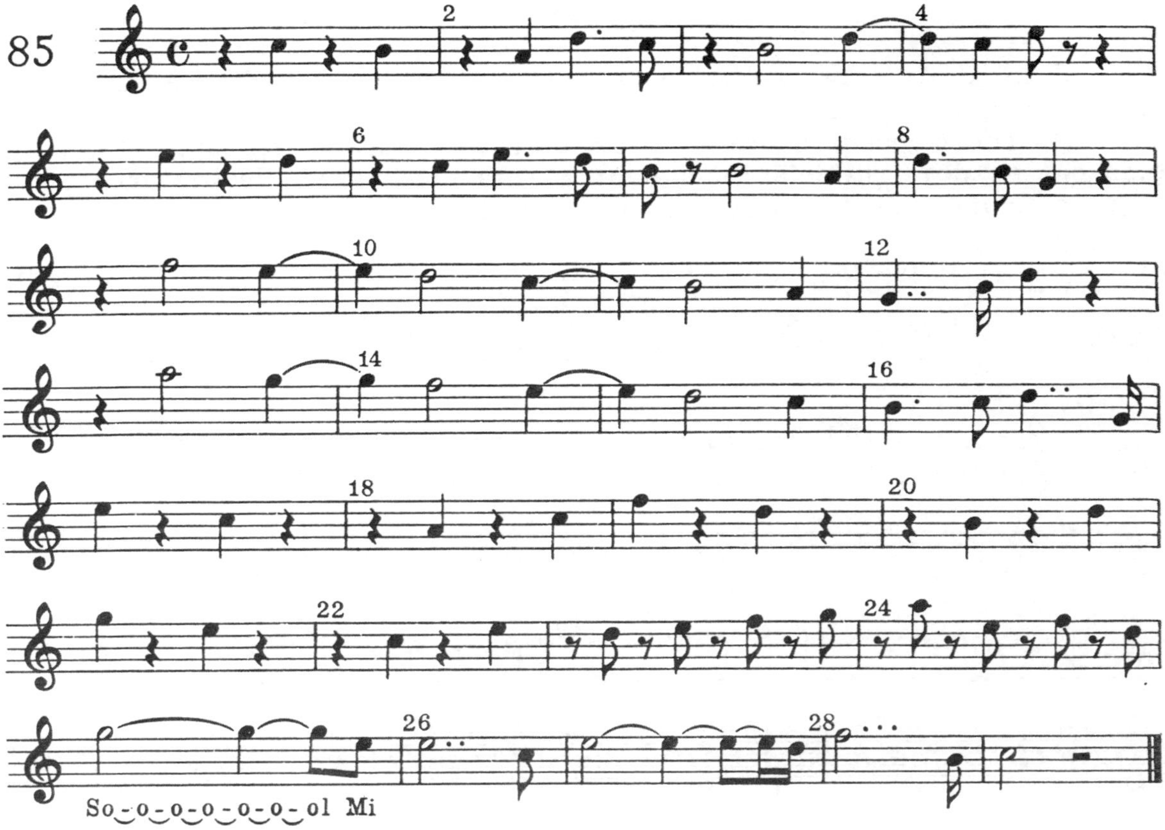

86

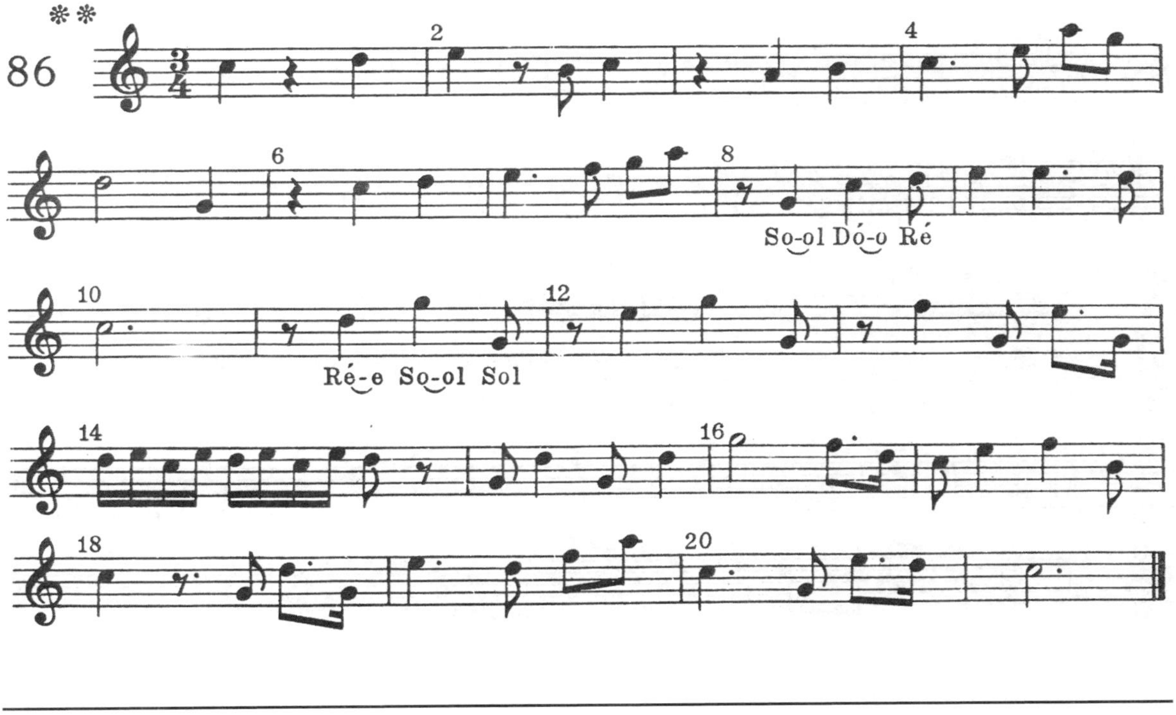

FERMATA

O sinal 𝄐, sobre ou sob uma nota ou uma pausa, indica a suspensão momentânea do movimento rítmico.

Quando colocada sobre um valor positivo, chama-se <u>fermata</u>, porque indica que se deve sustentar ou segurar a nota pela voz ou instrumento durante o tempo que o executor achar conveniente.

RESUMO DE TODOS OS INTERVALOS

INTERVALOS MISTOS

EXERCÍCIO POR GRAUS CONJUNTOS EM FUSAS

Fim da 1ª parte

SEGUNDA PARTE

ANDAMENTOS

A palavra andamento serve para designar a movimentação dos tempos do compasso; o grau de lentitude ou celeridade do movimento.

Dividem-se em três classes de andamentos: lentos — moderados — céleres ou vivos, classificados da seguinte maneira:

Andamentos lentos
- **Largo** — *O mais vagaroso*
- **Larghetto** — *Um pouco menos vagaroso que o precedente*
- **Lento** — *Um pouco menos vagaroso que o larghetto*
- **Adagio** — *Um pouco menos vagaroso que o anterior*

Andamentos moderados
- **Andante** — *Pouco menos lento que o Adagio*
- **Andantino** — *Diminutivo de Andante*
- **Moderato** — *Pouco mais vivo que o anterior*
- **Allegretto** — *Mais movido que o Moderato*

Andamentos vivos
- **Allegro** — *Um pouco mais vivo que o Allegretto*
- **Vivace** — *Mais vivo que o Allegro*
- **Presto** — *Mais vivo que o Vivace*
- **Prestissimo** — *Muito vivo*

Algumas vezes emprega-se o termo **grave** para designar um andamento lento de caráter solene, austero.

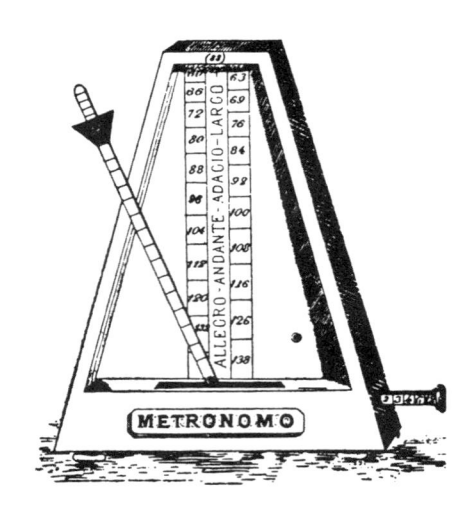

METRÔNOMO

É um aparelho usado pelos músicos a fim de melhor interpretar o andamento da música expresso pelo compositor. Tem a forma de uma pirâmide, contendo na sua base um mecanismo igual a de um relógio, fazendo oscilar um pêndulo. A gama graduada de 40 a 208, indica a quantidade de oscilações do pêndulo por minuto. O contrapeso é móvel a fim de poder ser graduado. Metrônomo Maëlzel, abreviatura M. M.

M. M. ♩ = 120 indica o número de semínimas a serem executadas no espaço de um minuto.

Aos andamentos principais podem se acrescentar outros que funcionam como adjetivos, exprimindo alguns, o caráter expressivo do trecho.

Allegro con brio   **Allegro moderato**

Ten............ *Tenuto*......... Prendendo a nota.
Non. tropp..... *Non troppo* ... Não muito.
Molto *ou* Assai................. Muito.
Comodo .... *Comodamente.*
Piú............................. *Mais.*

São também comuns os andamentos indicados por nomes de danças tradicionais:

Tempo di Mazurca — *Movimento de Mazurca*
Tempo di Marcia — *Movimento de Marcha*
Tempo di Valzer — *Movimento de Valsa ligeira*
Tempo de Polaca ou alla Polaca (*moderadamente*)

Algumas modificações momentâneas, parciais, são indicadas com os seguintes termos:

accelerando
affrettando
stringendo
stretto
} *Indicam maior rapidez*

rallentando
ritenendo
allargando
rilasciando
} *Indicam menor rapidez*

A palavra "*in tempo*" — indica retomada do tempo inicial.

Ad lib. **Ad libitum**
A piac. **A piacere**
} *A vontade*

DINÂMICA OU SINÉTICA

A dinâmica ou cinética, trata do colorido musical, isto é, da variação de intensidade dos sons.

Pianissimo	que indicam	Suave, brando. Fraca intensidade	abreviando-se	pp
Piano		Suavissimo. Muito brando		p
Forte		Intensidade forte. Vigorosa		f
Mezzo forte		Meio forte		mf
Fortissimo		Muita força. Vigorosíssimo		ff

Aumentando	que indicam	gradativa-	abrevituras	aum.
Crescendo		mente mais		cresc.
Rinforzando		intenso		rinf.

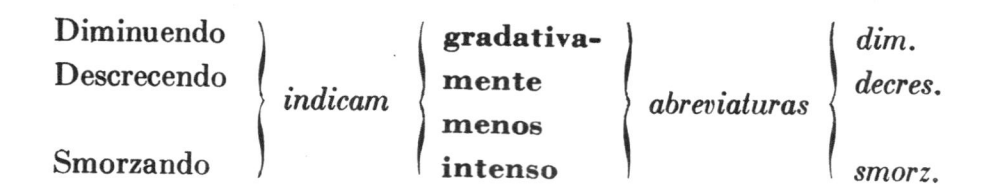

Diminuendo		gradativa-			dim.
Descrescendo	indicam	mente	abreviaturas		decres.
		menos			
Smorzando		intenso			smorz.

OUTRAS PALAVRAS MODIFICADORAS DA INTENSIDADE

Além das palavras com suas abreviaturas, empregam-se os sinais seguintes:

a) ———————— indica o *crescendo*

b) ———————— indica o *diminuendo*

É comun o aparecimento de ambos os sinais ————————

c) Chama-se "*tenuta*" um pequeno traço horizontal sobre ou sob uma ou mais notas; indica a mesma intensidade do ataque à transição.

Ex. [exemplo musical] etc.

d) > indica que a nota deve ser bem acentuada no seu ataque e logo suavizada.

Ex. [exemplo musical — Bizet] etc.

e) ∧ indica ataque da nota muito vigoroso sem abrandá-la.

Ex. [exemplo musical — Lisle] etc.

STACCATO (Destacado)

O "staccato" é simples quando não vem acompanhado da ligadura; neste caso a nota perde a metade de seu valor real, sendo a outra metade representada com pausa equivalente.

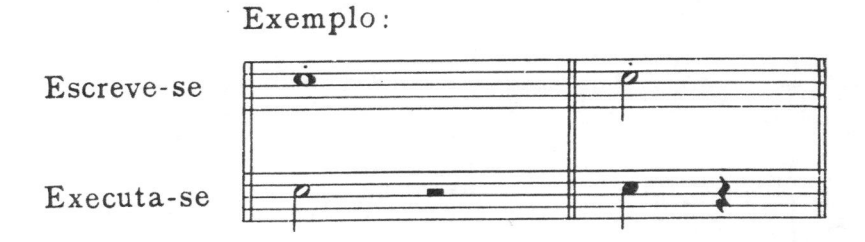

Exemplo:

Escreve-se

Executa-se

Chama-se "staccato" ligado, quando vem acompanhado da ligadura, posta sobre duas ou mais notas. Neste caso as notas ficam diminuídas de uma 1/4 parte.

Exemplo:

Escreve-se

Executa-se

Os pontos alongados (▼▼▼) indicam o "staccato" seco ou "martellato", isto é, as notas devem ser executadas com acento vigoroso e intenso. Diminui a nota de 3/4 partes.

Exemplo:

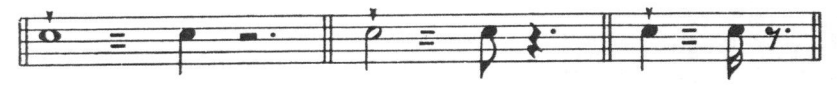

A ligadura de portamento é a que se coloca sobre duas ou mais notas de altura diferente, dando-se às notas uma execução muita unida e suave.

Exemplo:

96

Sol Lá Si Dó Ré
Largo
4/4 ou 4/4

97

Dó Si Lá
Sol Lá Si Dó Ré Mi
**
Moderato
3/4
rall.
a tempo

SINAIS DE REPETIÇÃO E OUTROS MAIS

Na página 6 ficou dito o que vem ser barra de compasso. Pois bem, duas dessas barras paralelas determinam o final de um período musical, ou o final de uma inteira parte que não se repete.

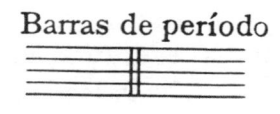

O término de uma composição é indicado com um travessão e uma barra fina do lado esquerdo.

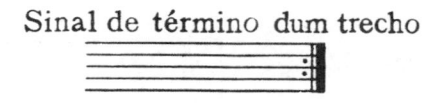

A repetição de alguns compassos ou inteira parte, é indicada com uma barra grossa, uma fina e dois pontos no meio; esse sinal se denomina Ritornello.

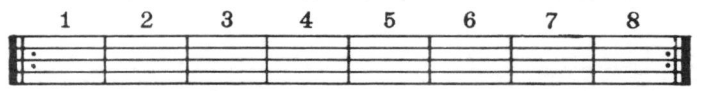

Na repetição de um trecho desejando-se substituir um compasso por um outro diferente, colocam-se duas chaves numeradas da seguinte maneira:

As iniciais D. C. (Da Capo) indicam a volta ao início da peça.

Se a repetição for parcial, então aparece assim: "Da Capo al Fine" ou ainda com o sinal de reclamo ou retrocesso: 𝄋 colocado em qualquer parte de um trecho, indicando que se repete somente até a palavra Fim.

As vezes este sinal 𝄋 vem acompanhado deste outro: ⊕ chamado sinal de pulo; este sinal indica que, ao se chegar a este, se deve pular a outro idêntico, que impreterivelmente se encontra à frente, precedido das palavras "poi coda".

Para maior clareza note-se o seguinte exemplo:

ABREVIATURAS

Abreviaturas são certos sinais e palavras usadas na música para evitar a escrituração de compassos ou passagens semelhantes.

Travessão serve para fazer repetir as passagens antecedentes e tambem para cortar uma nota produzindo o seu valor em notas de repique.

Escreve-se

Executa-se

O termo *Simile* ou *Segue*, junto a uma harmonia, indica repetição exata das precedentes (acorde quebrato)

A palavra *Arpeggio* junto a um acorde, designa execução arpejada, não saindo nunca dos sons expressos.

Os silêncios de dois ou mais compassos indicam-se por algarismos postos sobre um travessão assim:

LINHA DE OITAVA

Este sinal 8^a......... que se assina quase sempre superiormente a um determinado número de notas, serve para as trasportar uma oitava mais alta, até encontrar-se o termo *Lóco*, ou o rastilho interrompido.

Este outro *con 8^a*, ou *col 8^a*, que é mais frequente nas músicas de *piano*, indica execução das notas em oitava.

Exemplos:

Execução

98

QUIÁLTERAS

Quiálteras são grupos de notas que excedem ou que não completam o número estabelecido pela formula de compasso.

Elas abrangem três casos diferentes:
1º Caso: grupos ternários dentro dos binários.
2º Caso: ,,   binários   ,,   ,, ternários.
3º Caso: ,,   irregulares que entram em ambos os casos.

Os ternários são os de 3 - 6 - 12 - 24 - 96
Os binários ,, ,, ,, 2 - 8 - 16 - 32 - 64
Os irregulares ,, ,, ,, 5 - 7 - 9 - 10 - 11 - 13 - 14 etc.

isto é, os que não estão contidos nem nos grupos binários e nem nos ternários, são considerados irregulares.
Exemplo:

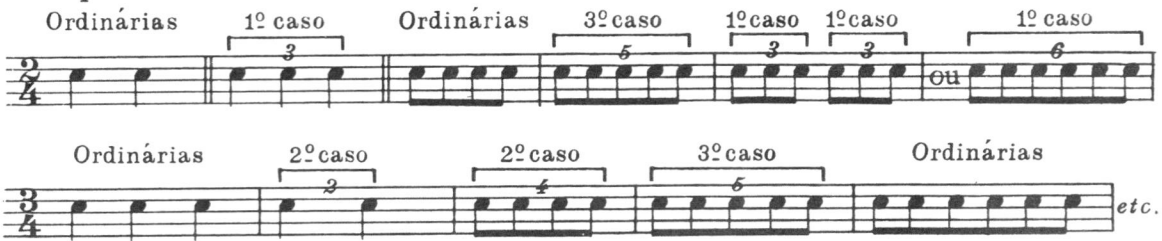

As quiálteras podem aparecer com valores desiguais e com pausas ao mesmo tempo. Ex:

ANACRUSE

Anacruse é a nota ou grupo de notas que dá inicio á uma frase musical num compasso incompleto.

Ex: *Hino Nacional Brasileiro*

Ex: *Hino da Independência do Brasil*

Se porém a frase tiver início no tempo forte, isto é, no 1º tempo do compasso, chama-se ritmo tético.

Ex: *Deus salve a America*

QUADRO SINÓPTICO DOS INTERVALOS

** 99

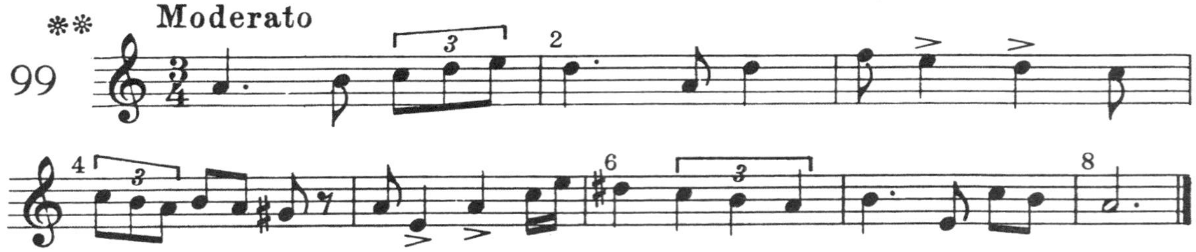

** 100

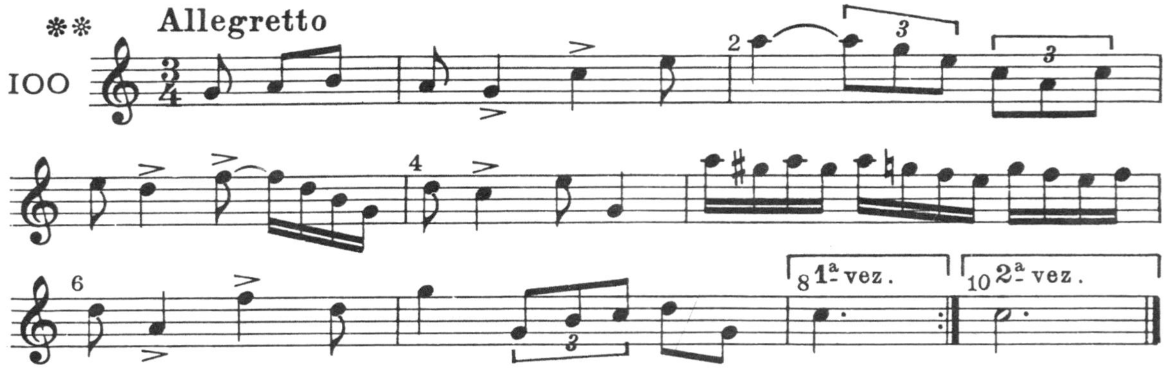

101

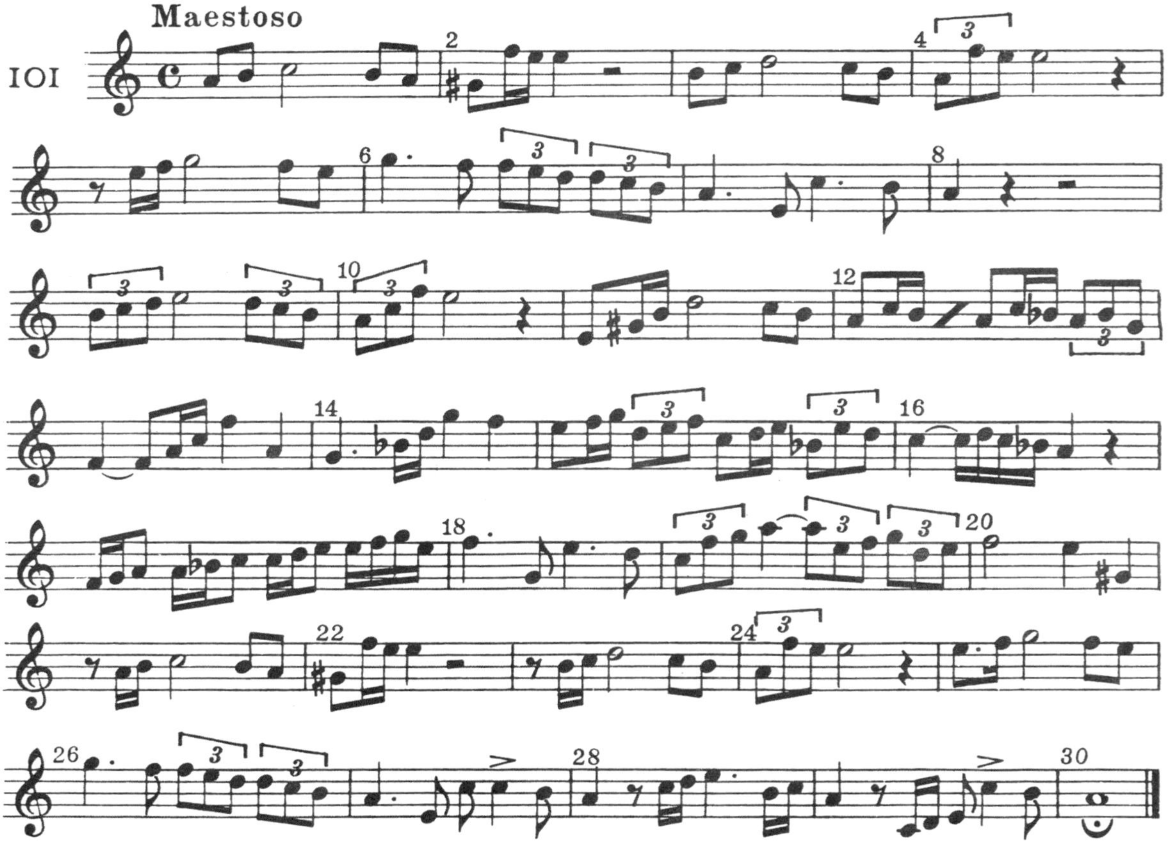

ESCALAS E INTERVALOS
dos tons mais usados

TONS MAIORES

TONS MENORES
RELATIVOS

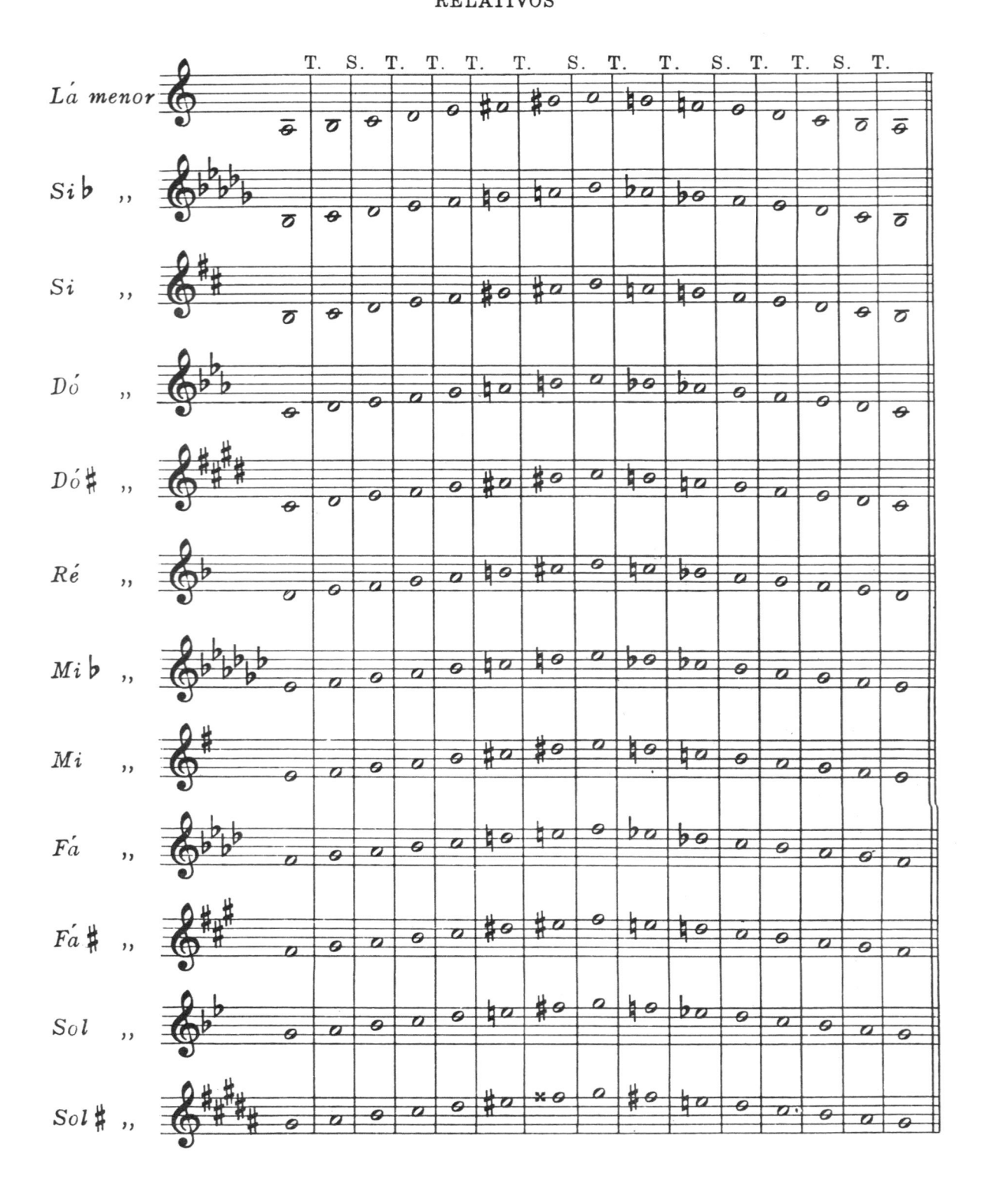

P. Bona - Método Completo de Divisão Musical

COMPASSO TERNÁRIO ¾ onde a ♪ está como uninade de tempo, isto é, que vale um tempo do compasso; e a ♩., como unidade de compasso, isto é, que vale um inteiro compasso.

Notação diferente produzindo o mesmo efeito:

etc.

104 **Allegretto**

105 **Larghetto**

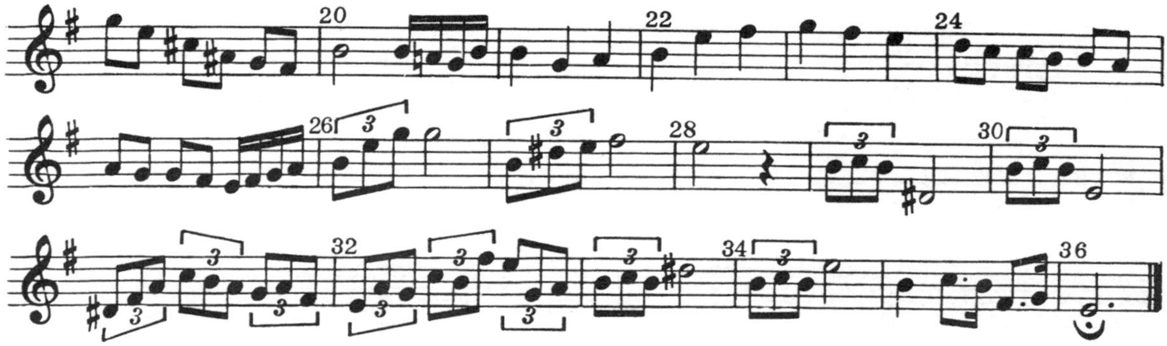

**
106 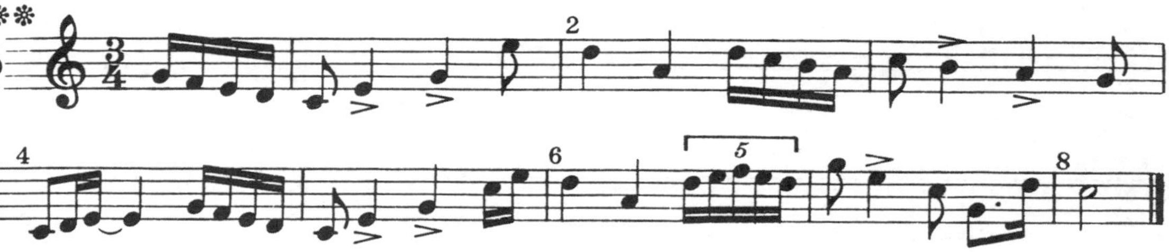

**
107 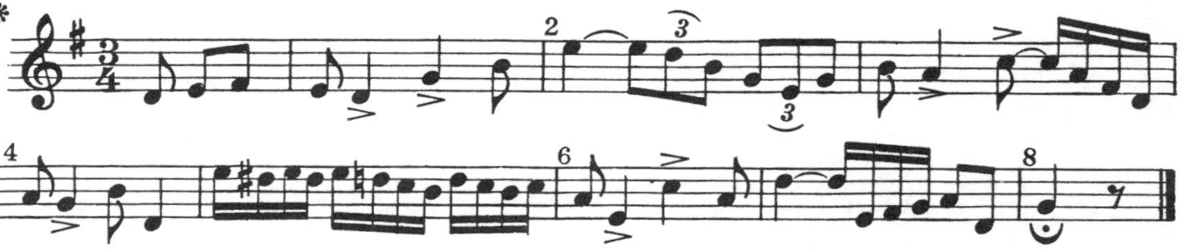

All.º moderato

108 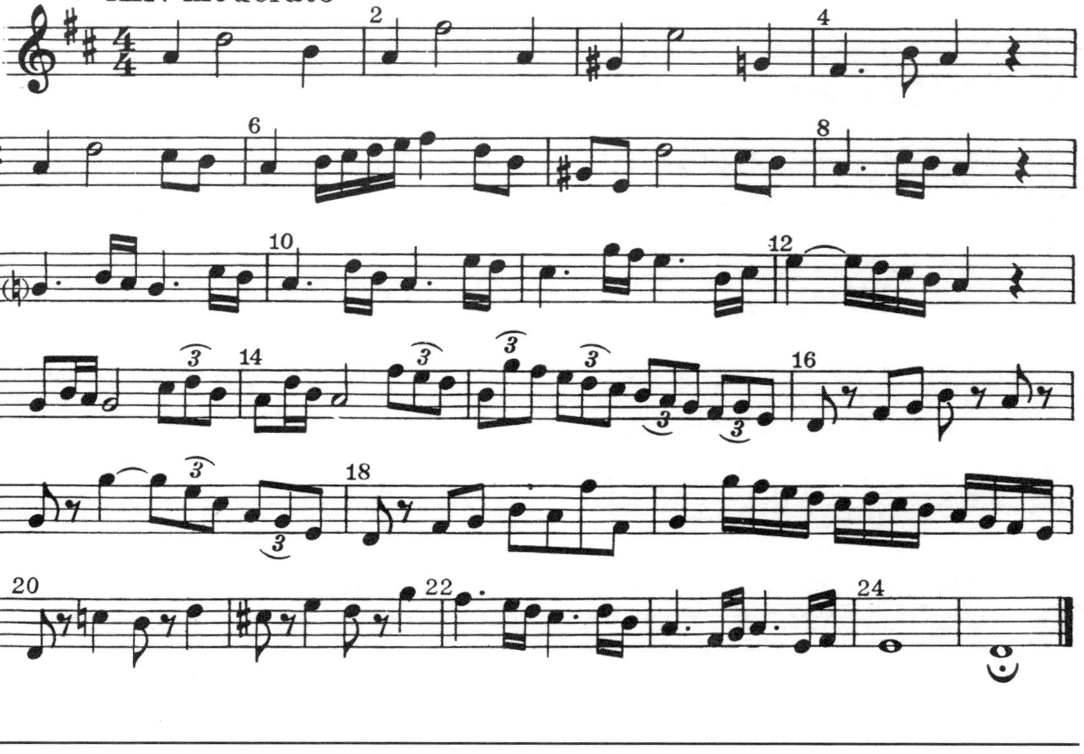

109

Larghetto

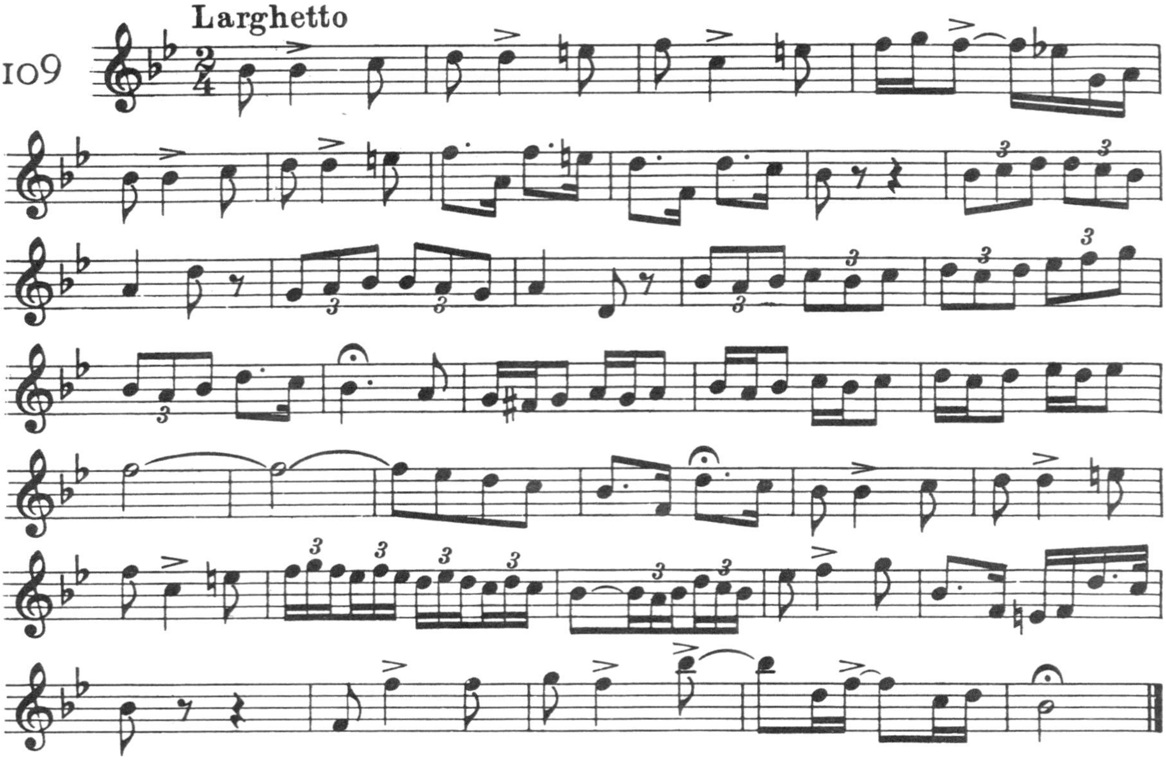

* 110

Andante mosso

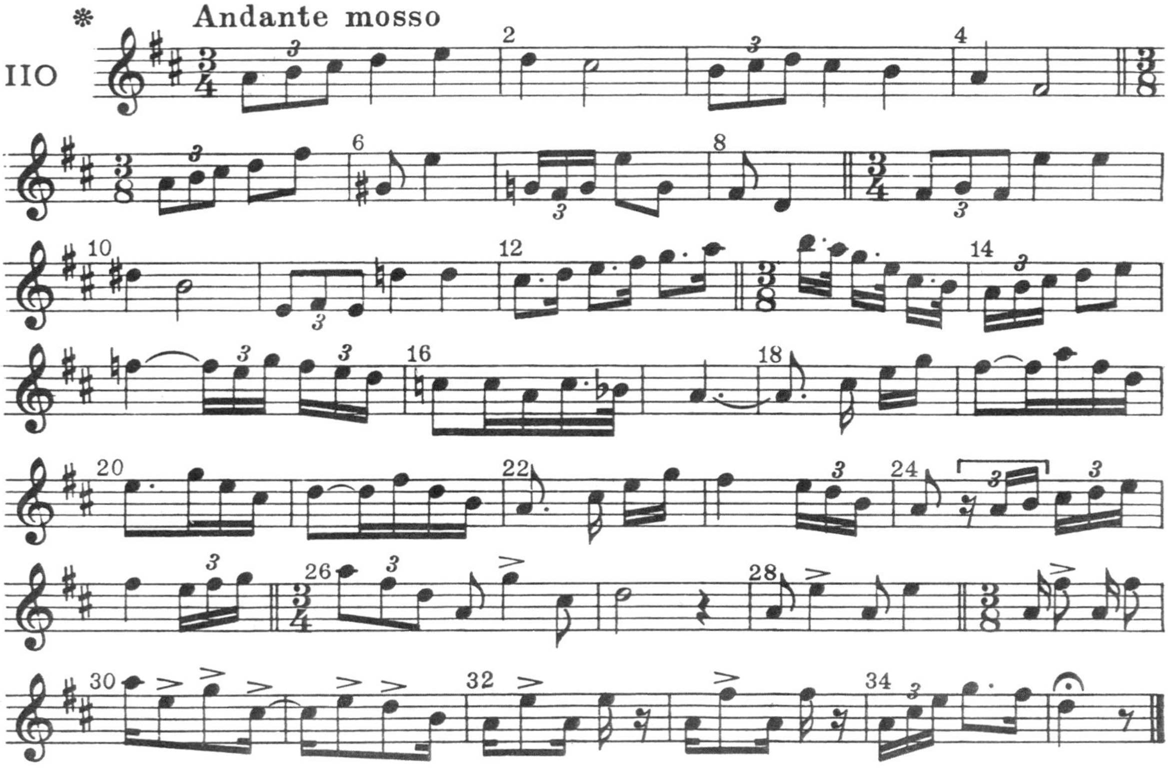

P. Bona - Método Completo de Divisão Musical

Larghetto mosso

114

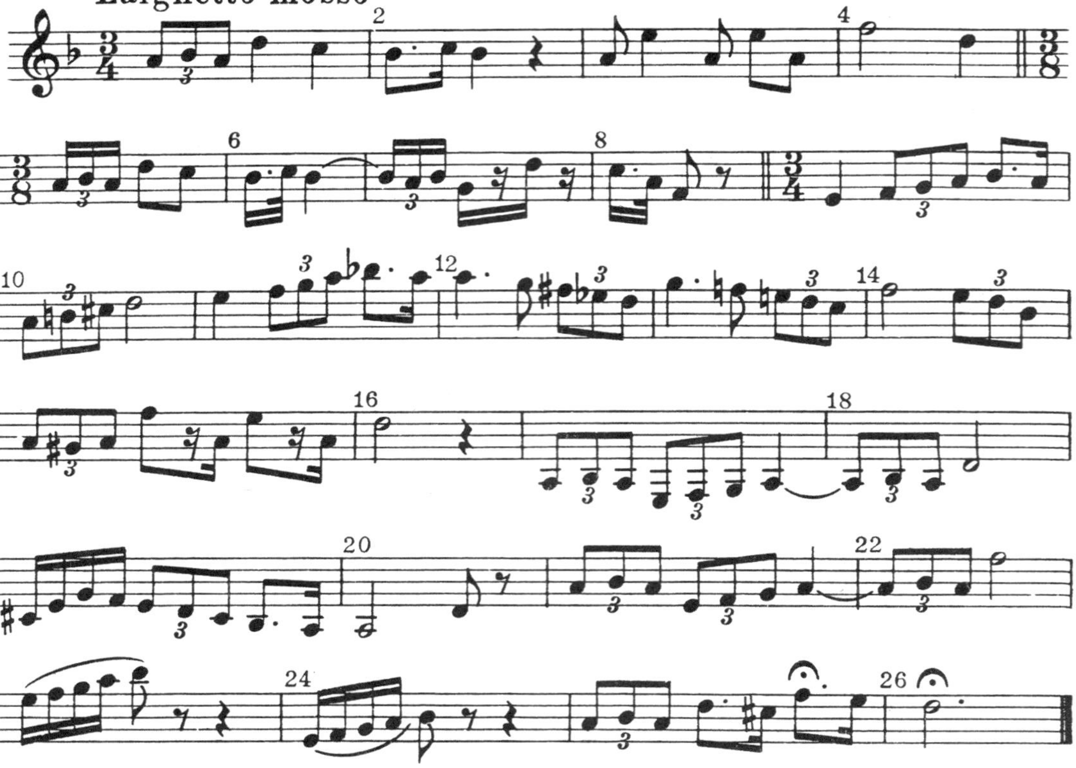

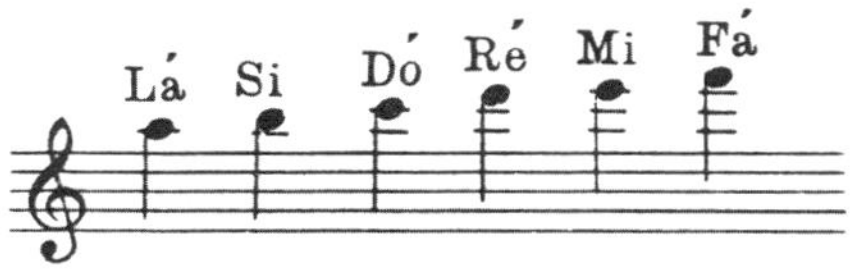

**

115

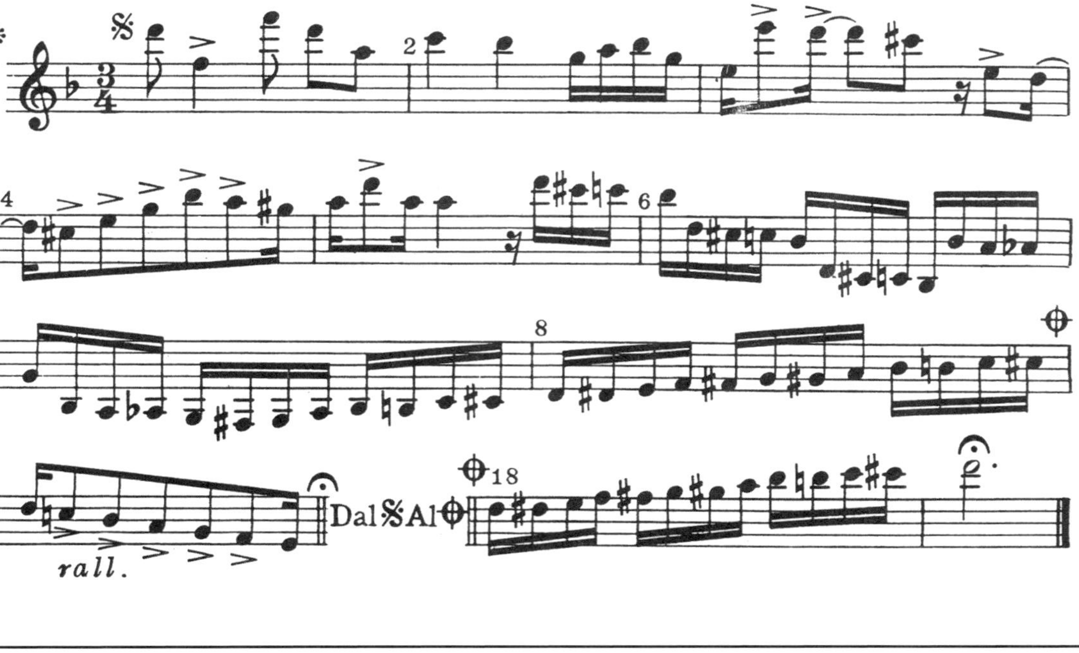

COMPASSOS COMPOSTOS

Estes compassos resultam da multiplicação dos numeradores dos compassos simples pelo número 3.

Exemplos:
- 2 × 3 = 6 binário composto.
- 3 × 3 = 9 ternário composto.
- 4 × 3 = 12 quaternário composto.

Sendo os compassos compostos derivados dos compassos simples, 2, 3 e 4, possuem eles o mesmo número de tempos.

Para se trasformar um compasso simples em composto, multiplica-se o numerador por 3 e o denominador por 2; vice-versa do composto para o simples, isto é, dividem-se seus algarismos por 3 e 2.

Exemplos: $\frac{2 \times 3 = 6}{4 \times 2 = 8}$ ‖ $\frac{3 \times 3 = 9}{4 \times 2 = 8}$ ‖ $\frac{4 \times 3 = 12}{4 \times 2 = 8}$ ‖

Assim sendo, no compasso $\frac{6}{8}$ entram 6 colcheias, porque o denominador 8, indica a colcheia e o numerador 6, indica a quantidade, que são 6 colcheias.

A unidade de tempo no compasso simples, é simples, e no compasso composto, é composta. Ex:

Figuras que entram:
Unidade de tempo:

1º t. 2º t.   1º t. 2º t. 3º t.   1º t. 2º t. 3º t. 4º t.

Irregulares em relação ao compasso:

O mesmo efeito

Regulares em relação ao compasso:

Irregulares por si mesmas por não se ajustarem a nenhum compasso:

Para indicar o silêncio de compassos inteiros, tanto nos de fórmulas simples como nos de fórmulas compostas, usa-se a pausa da semibreve.

etc.

** **Allegretto quasi moderato**
118

** **Marcial** ($\bullet = 120$)
119

120

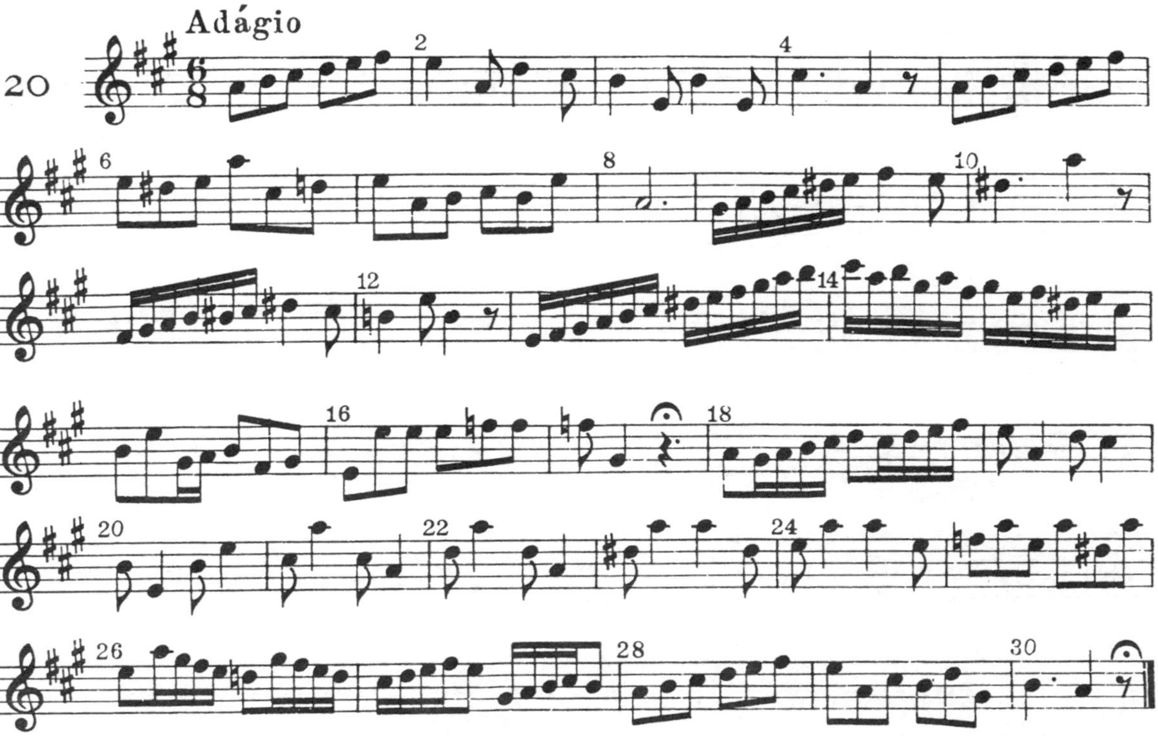

121

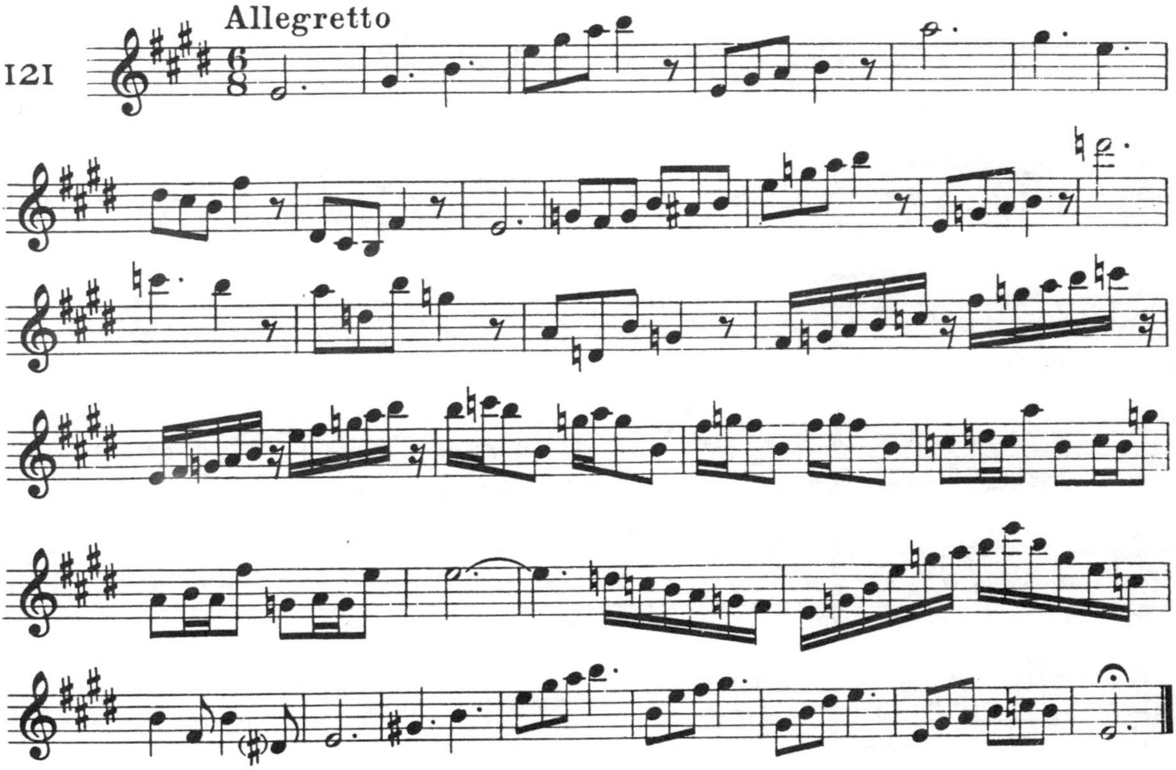

Moderato assai

122

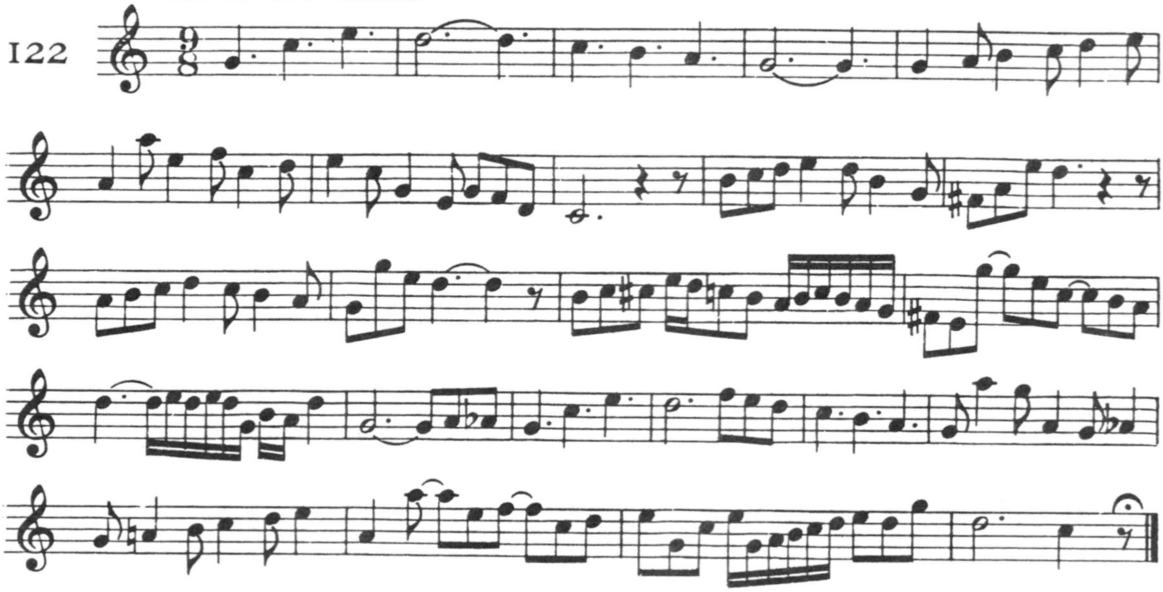

Allegretto moderato

123

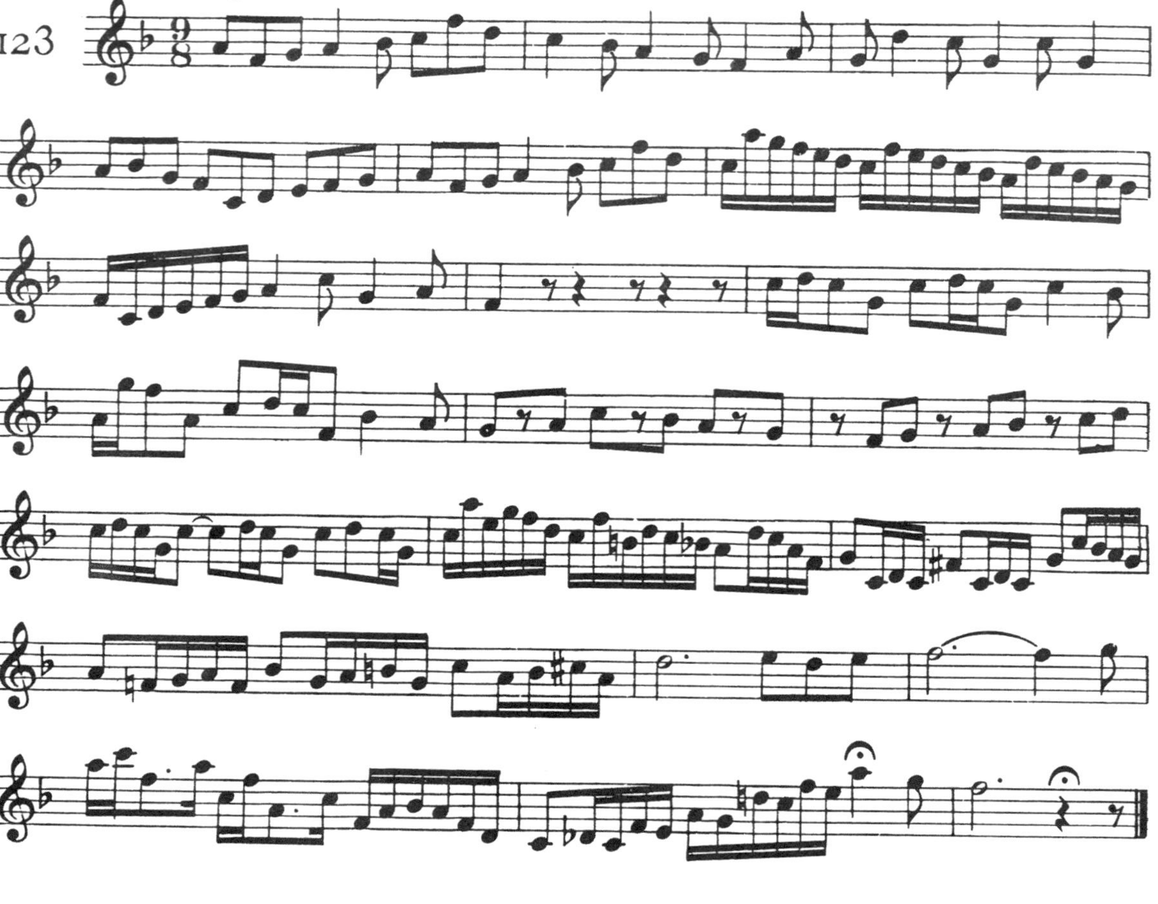

124 Sostenuto

125 Moderato assai

Allegro

126

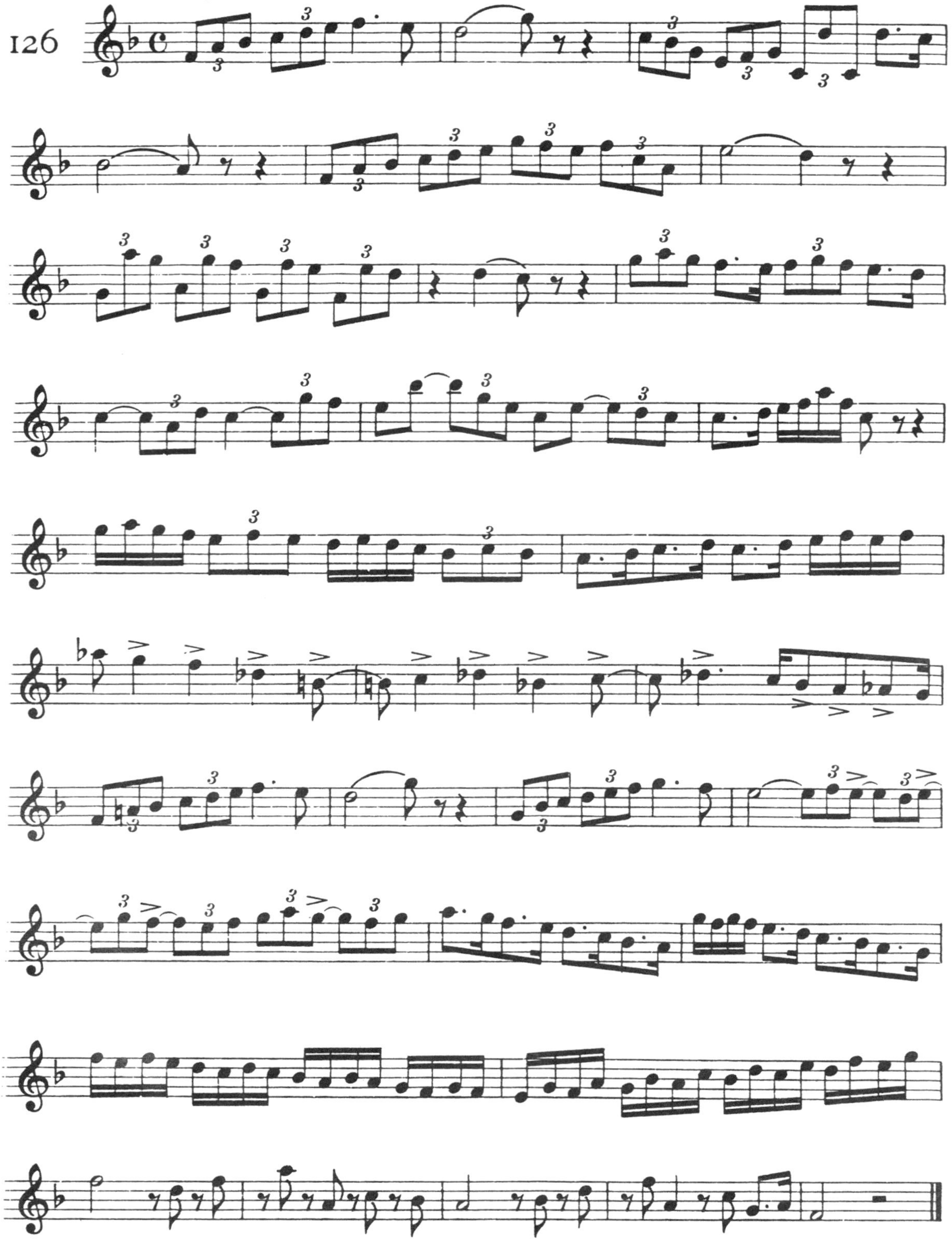

127 Andante

128. Allegretto

(1) Cadência: trecho de agilidade que se coloca em certos pontos da peça, para fazer brilhar as qualidades virtuosísticas do intérprete.
    Não figurando seus valores na divisão de compasso, sua execução é inteiramente livre, isto é, ao inteiro gosto do intérprete.

Allegretto

** 129 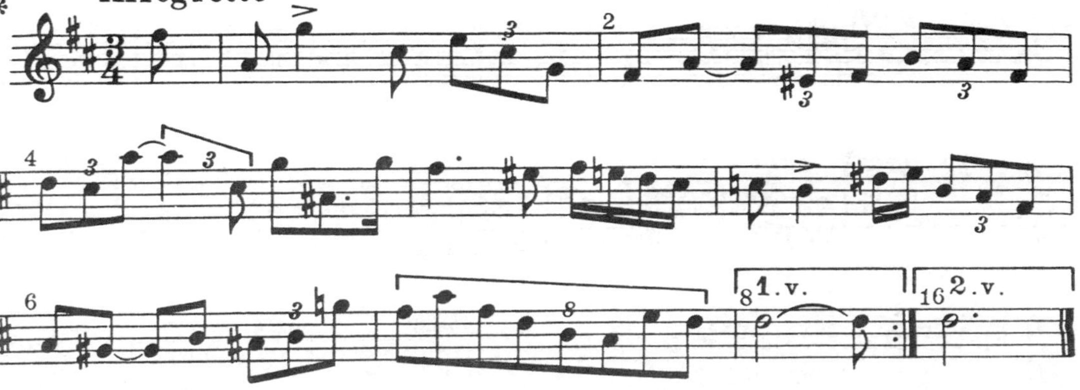

** 130 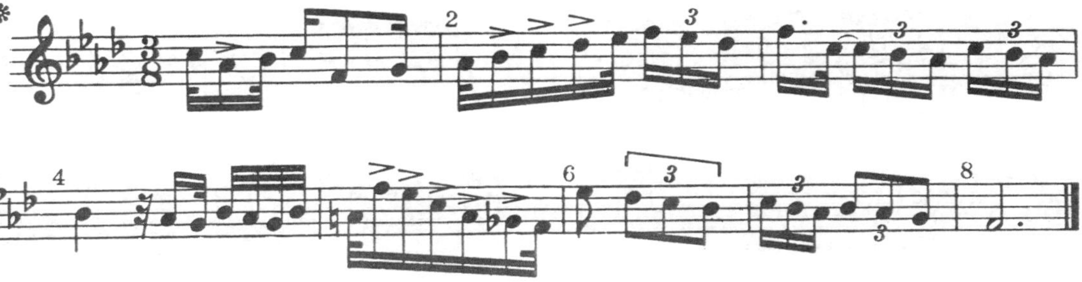

** 131 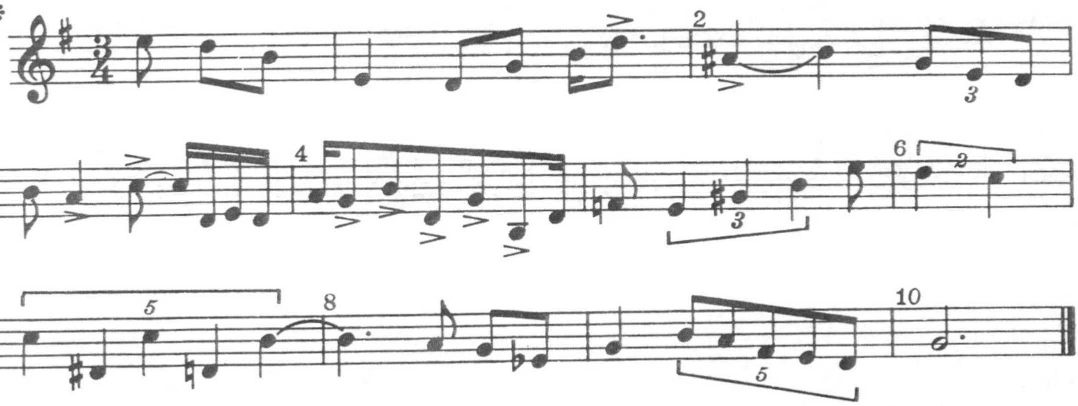

Andante

132 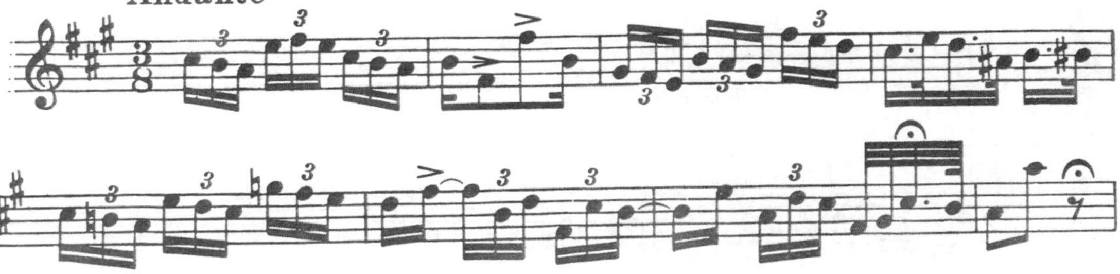

72

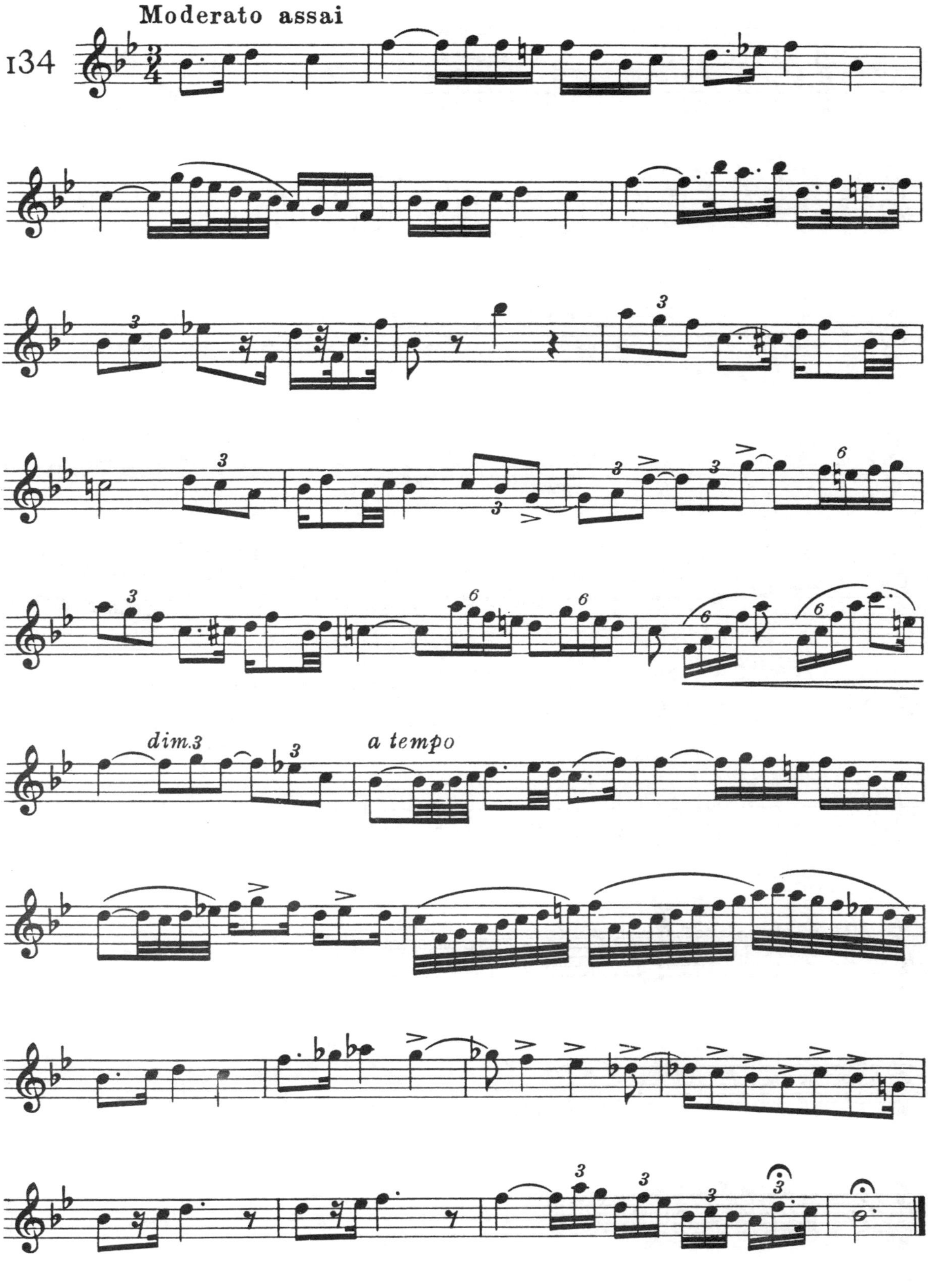
Moderato assai
134
dim.
a tempo

135. Allegretto moderato assai

Adagio

136

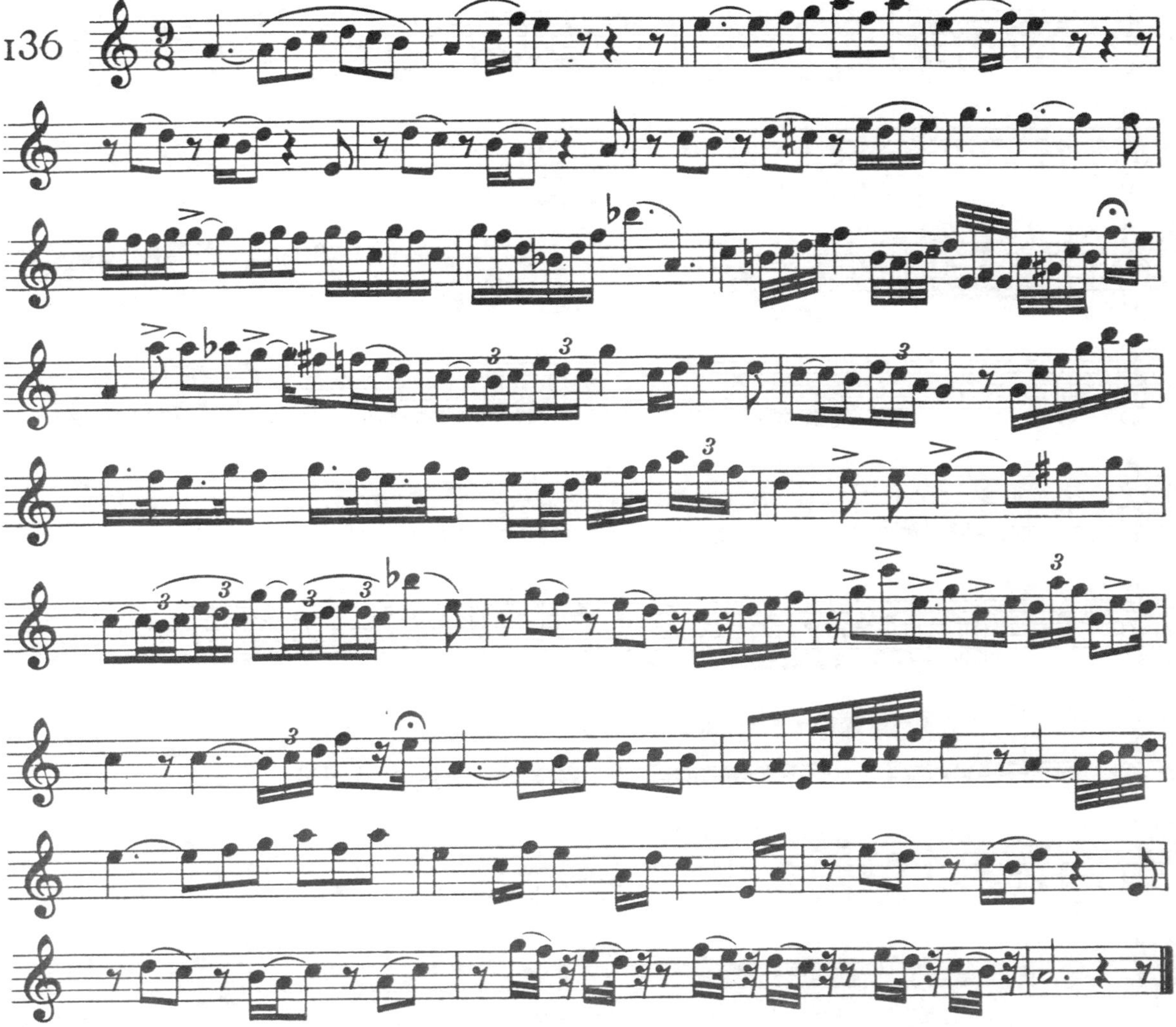

Allegretto moderato

137

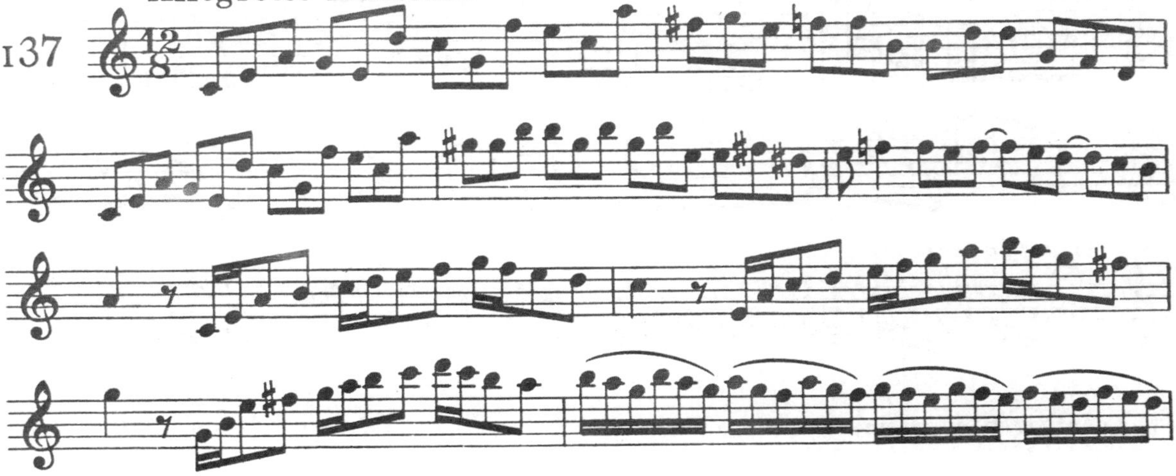

(1) *a piacere*

Fim da II.ª Parte

(1) Acentuar bem mesmo sendo Cadência

TERCEIRA PARTE

ORNAMENTOS

Os ornamentos principais são: Mordente - Gruppetto - Trillo - Appoggiatura.

O Mordente é um ornato de carater brilhante, devendo ser executado com muita rapidez. Ele é articulado conjuntamente com a nota da melodia.

Exemplos:

Mordente duplo superior e inferior.

Mordente duplo com apojatura superior e inferior.

O Gruppetto resulta da alteração do som verdadeiro com os sons auxiliares da parte superior e inferior. Pode ser considerado em sua estrutura como a união do mordente superior com o inferior.

Exemplos:

Em muitos casos o gruppetto pode começar também com a nota da melodia e então vem, exeqüido com cinco notas e também com quatro.

O Trillo ou trinado é um ornato que consiste na repetição rápida e alternada de duas notas conjuntas, das quais a inferior é a real. Às vêzes se apresenta com uma pequena nota antecipada.

Exemplos:

APPOGGIATURA

(APOJATURA)

A apojatura é um ornato caracterizado por uma pequena nota que se escreve antes da nota real em distância de 2ª superior ou inferior.

Distinguem-se três espécies de apojatura, a saber:

a) apojatura longa ou inerente

b) apojatura breve ou suplementar e

c) apojatura dupla

Processa-se a execução da apojatura, subtraindo o seu valor da nota real da seguinte maneira:

A apojatura longa, nas figuras simples, o seu valor não sofre alteração; enquanto que, nas figuras compostas, o seu valor é acrescido de outro tanto.

A apojatura breve "acciacatura" apresenta-se com uma colcheia atravessada por um pequeno traço;

Executa-se rapidamente, subtraindo da nota real a menor parte possível de seu valor.

Exemplos:

138. Allegro moderato

Allegretto

139

140

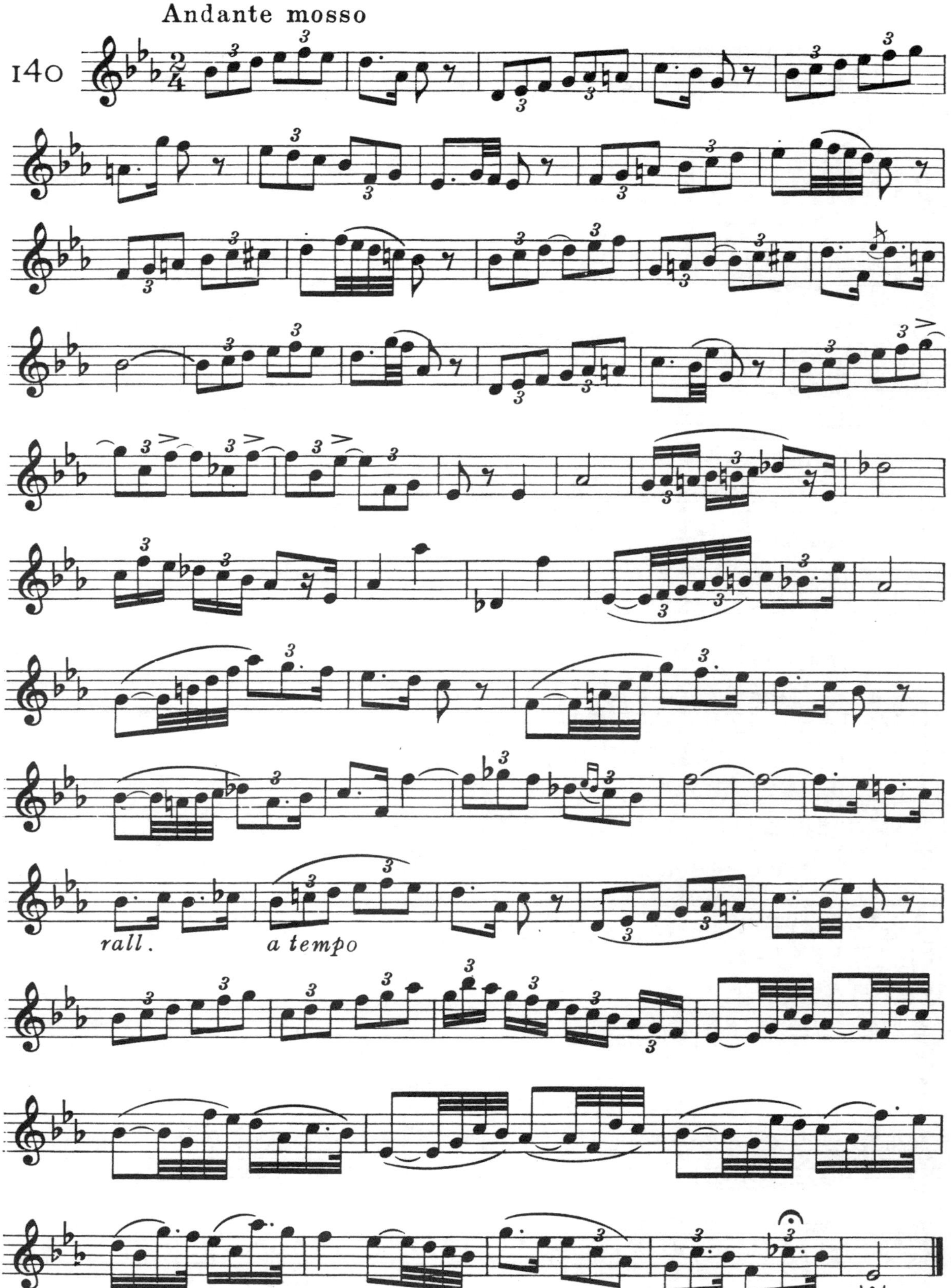

141 Larghetto

142

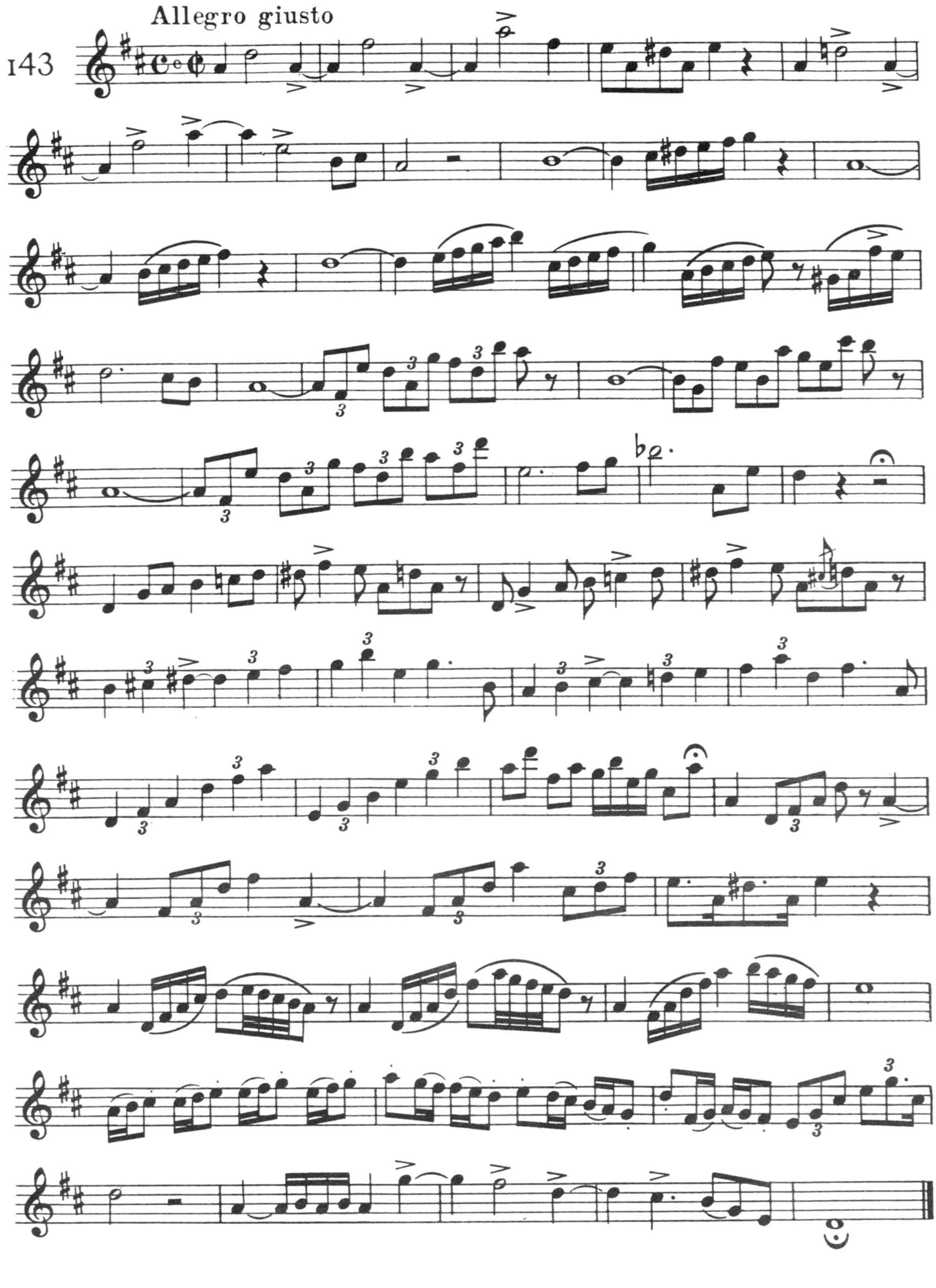
Allegro giusto
143

144 **Largo**

145. Andante sostenuto

146

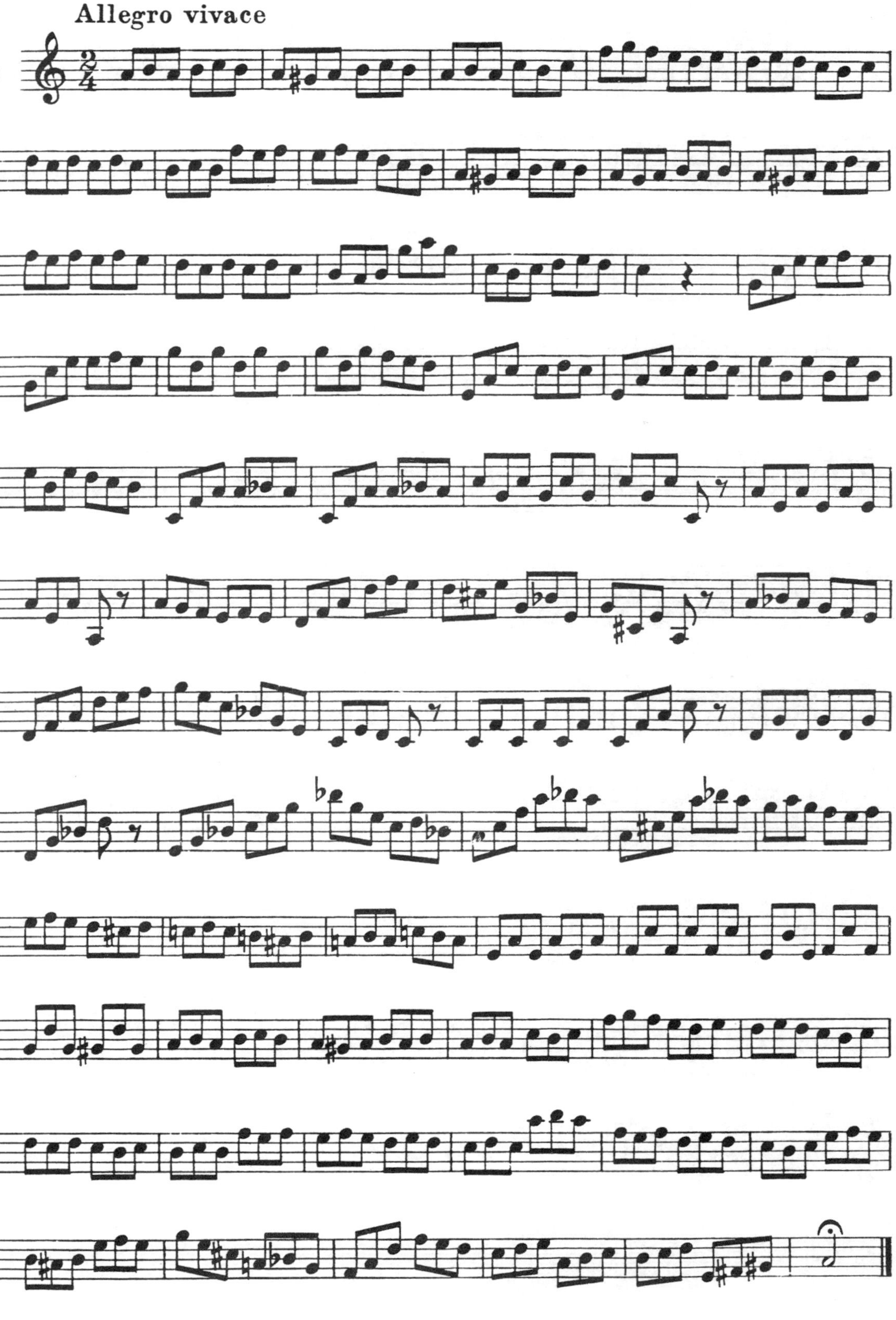

147. Adagio

148 *Andantino grazioso*

Moderato assai

149

150

151 — Grave, com espressione

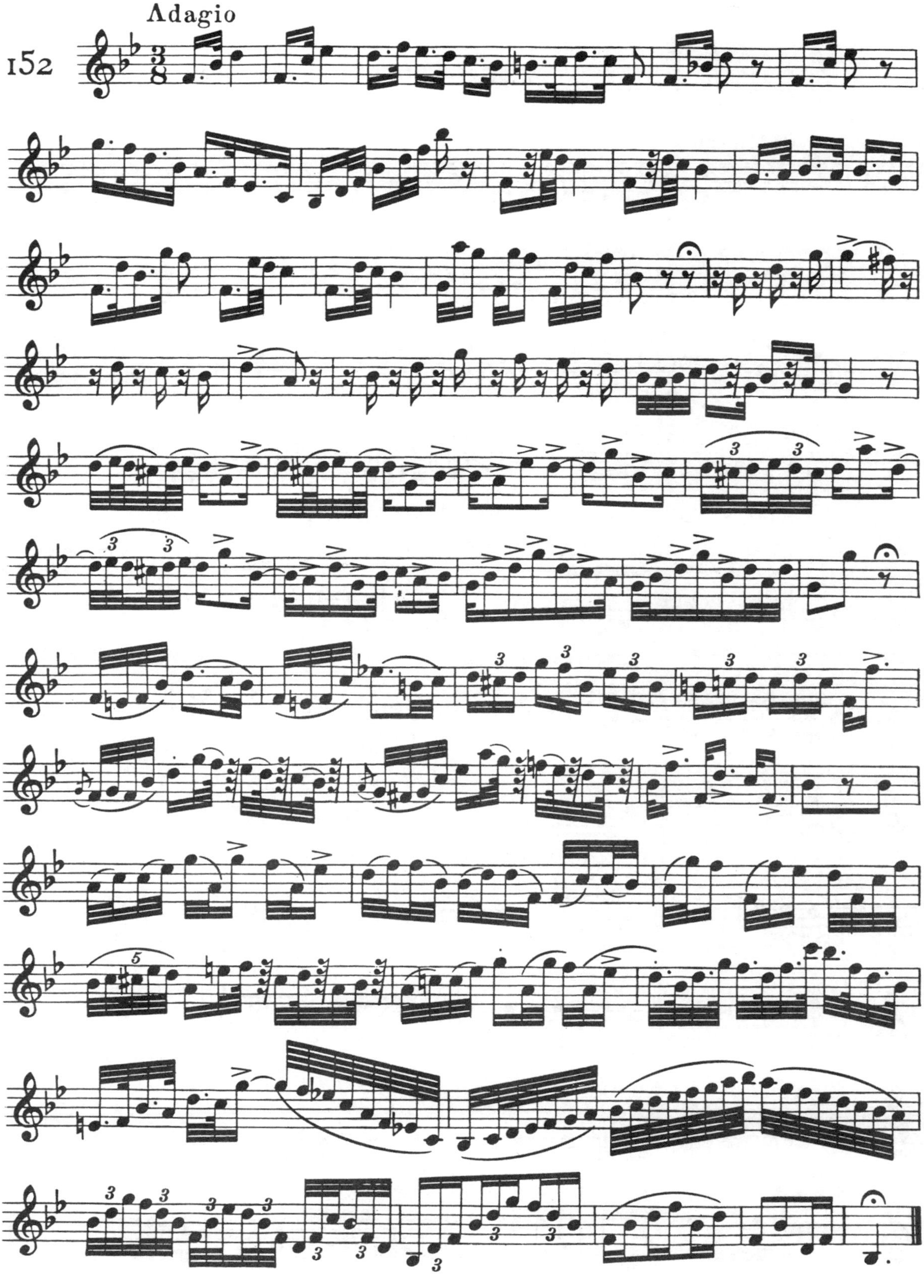
Adagio
152

Sol Lá Si Dó Ré Mi Fá Sol

153 Allegro

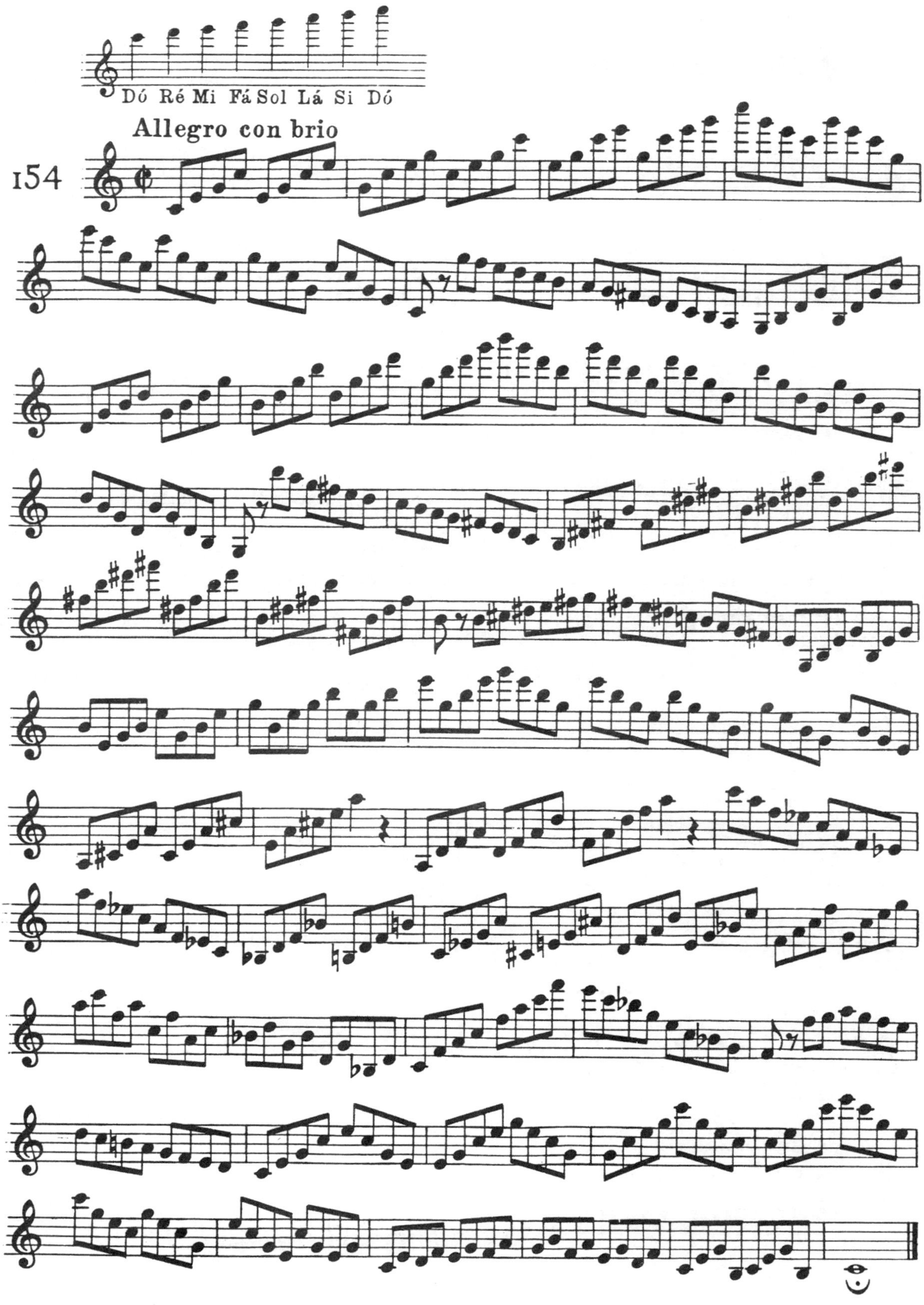
Dó Ré Mi Fá Sol Lá Si Dó
Allegro con brio
154

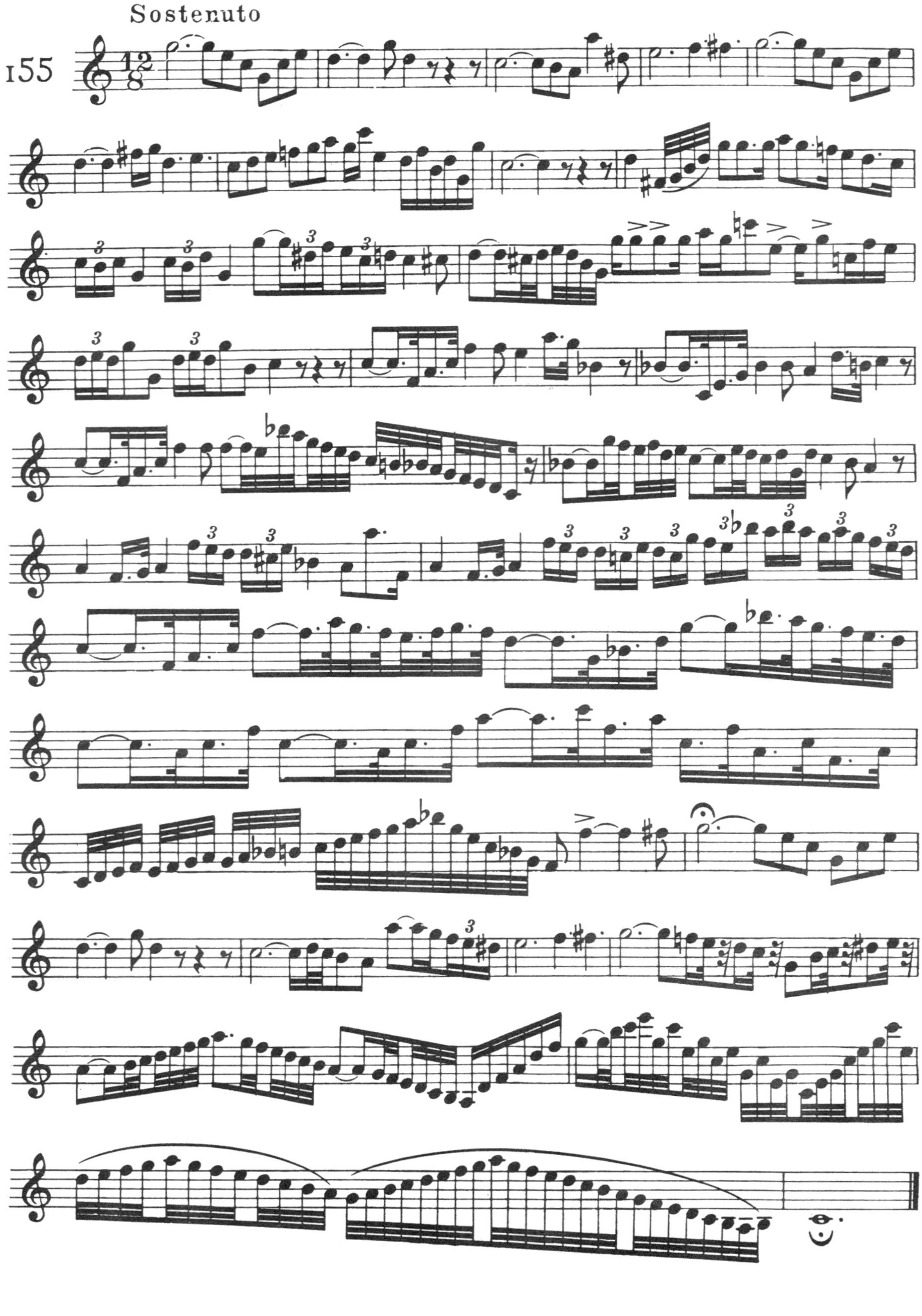
Sostenuto
155

156

Allegro spiritoso

157

158 Allegro

Encontram-se neste último exercício todos os compassos estudados. Isso acostumará o discípulo á instantânea mudança de compasso e de andamento.

159

Andantino

Vivace

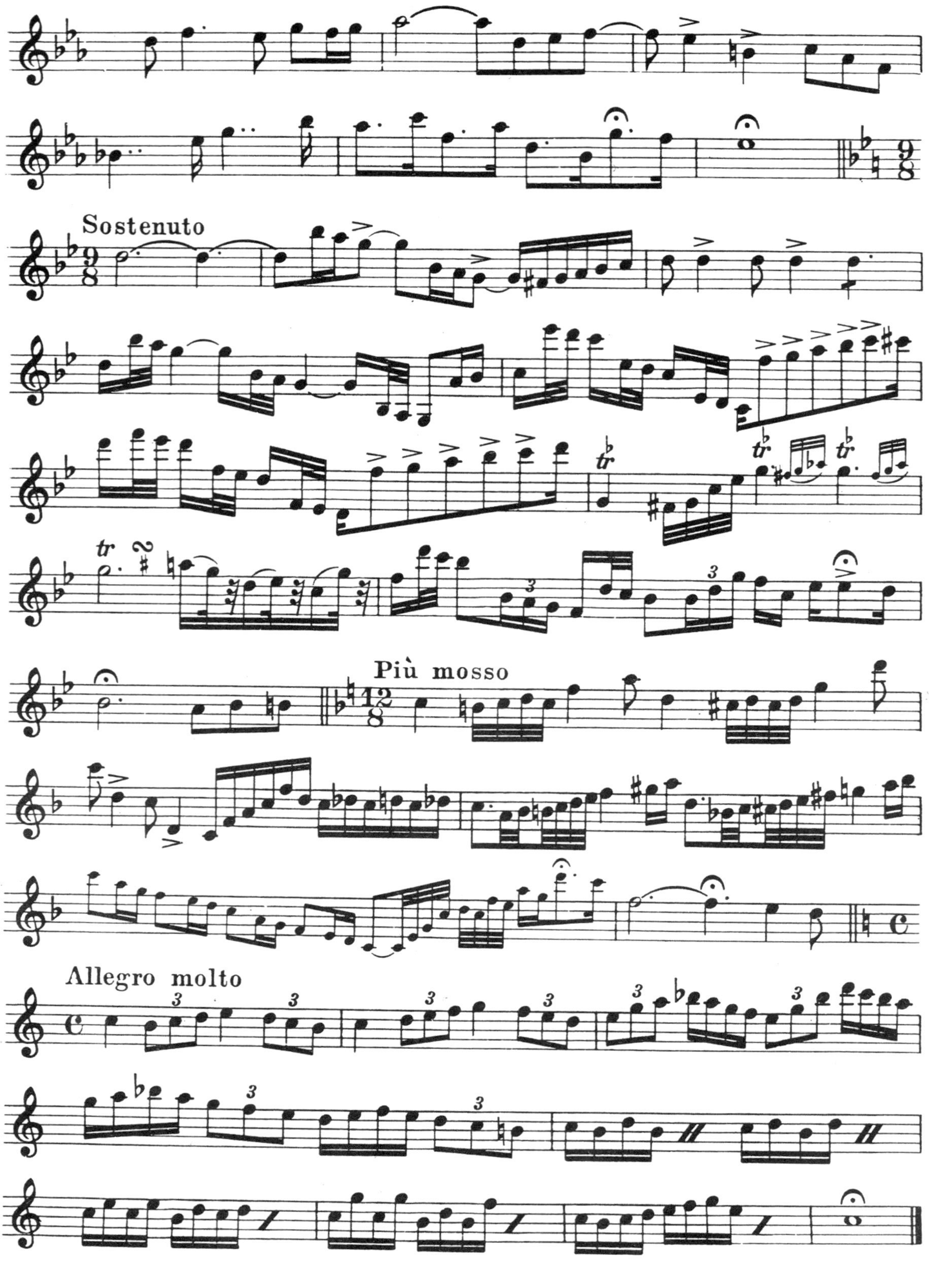
Sostenuto
tr
Più mosso
Allegro molto

QUARTA PARTE
LIÇÕES EM COMPASSOS POUCO USADOS

Neste compasso a unidade de tempo é a $\draftnote$ e a de compasso a $\circ$.

Moderato assai

Allegretto moderato assai

104

Allº moderato

Moderato assai

COMPASSOS ALTERNADOS

Os compassos de 5 e 7 tempos chamam-se: Quinário e Setenário respectivamente. Como nos outros compassos, o **numerador** indica o número de tempos e as figuras correspondentes.

COMPASSO QUINÁRIO (de 5 tempos)
(ALTERNADO)

COMPASSO SETENARIO (de 7 tempos)

COMPASSO QUINÁRIO COMPOSTO

COMPASSO SETENÁRIO COMPOSTO

Há outros compassos verdadeiramente compostos, como sejam: Compasso de 6 tempos com subdivisão ternária: $\frac{18}{16} = 6\;\eighthnote.$

Compassos de 9 tempos com subdivisão ternária: $\frac{27}{16} = 9\;\eighthnote.$ ou $\frac{27}{32} = 9\;\eighthnote.$

APÉNDICE

Quadro comparativo para conhecer a extensão dos sons dos instrumentos e das vozes.[1]

(1) Este quadro está disposto na extensão do Piano que é istrumento possuidor de grande numero de notas.

Maneira prática para ler as notas nas diversas claves, tomando-se como base a clave de Sol 𝄞

Dó (clave de Sol)

Mi — Uma 3ª acima

Sol — Uma 5ª acima ou uma 4ª abaixo

Si — Uma 2ª abaixo

Ré — Uma 2ª acima

Fá — Uma 4ª acima ou uma 5ª abaixo

Lá — Uma 3ª abaixo

EXERCÍCIOS PARA A LEITURA DAS NOTAS NAS DIFERENTES CLAVES.

CLAVE DE SOPRANO

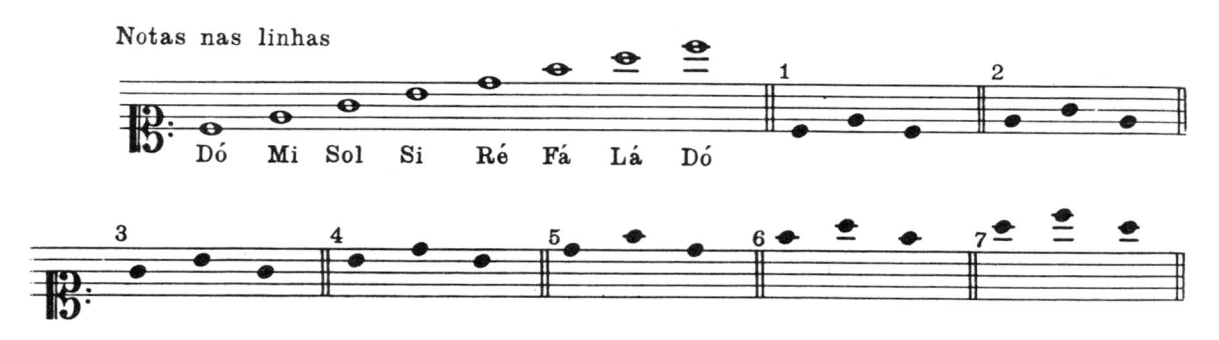

Notas nas linhas

Dó Mi Sol Si Ré Fá Lá Dó

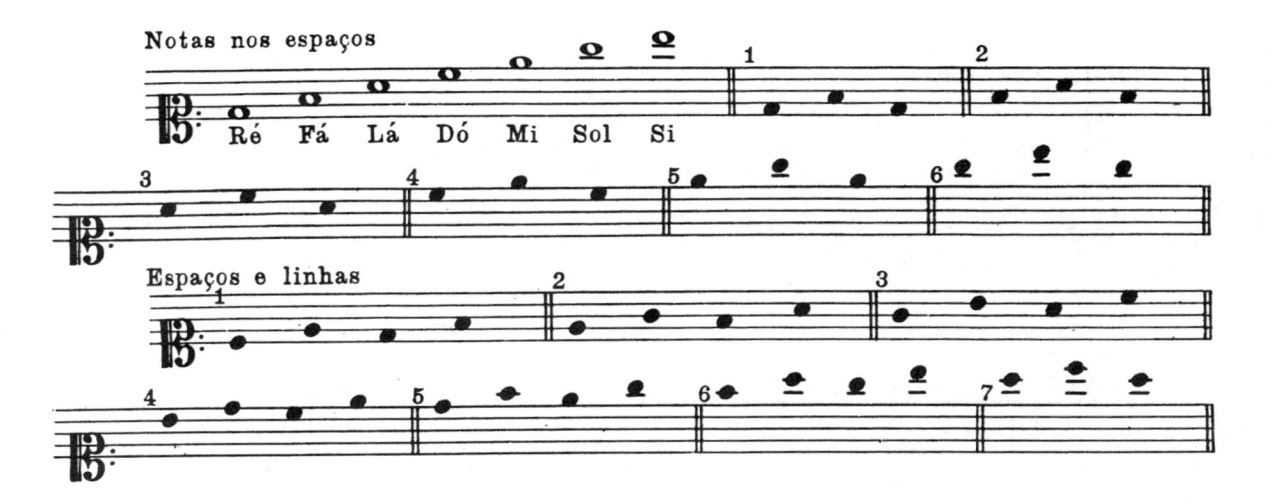

CLAVE DE CONTRALTO

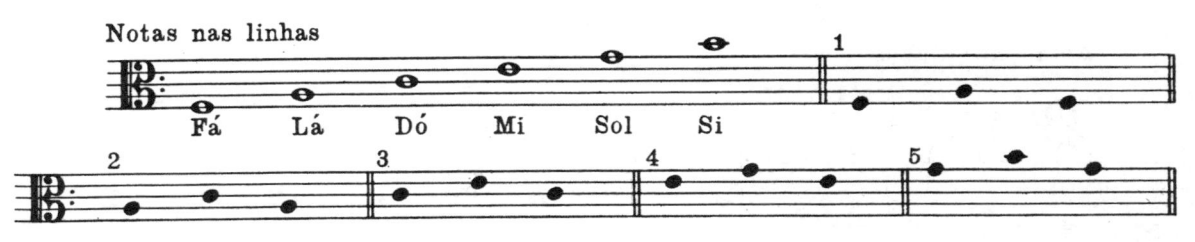

CLAVE DE TENOR

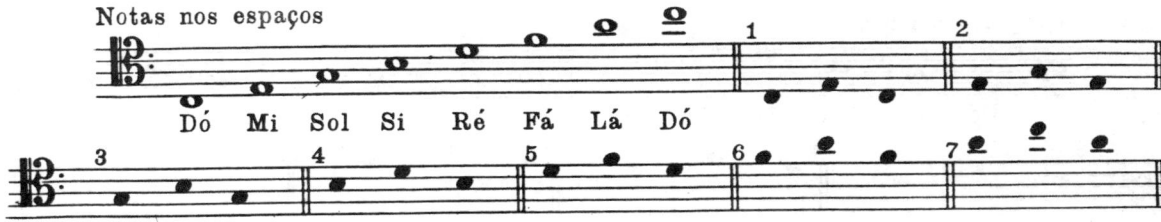

CLAVE DE BAIXO

Notas nas linhas

Sol Si Ré Fá Lá Dó Mi

Notas nos espaços

Fá Lá Dó Mi Sol Si Ré Fá

CLAVE DE MEIO SOPRANO

Notas nas linhas

Dó Mi Sol Si Ré Fá Lá

Notas nos espaços

Ré Fá Lá Dó Mi Sol

CLAVE DE BARITONO

Notas nas linhas

Si Ré Fá Lá Dó Mi Sol

Notas nos espaços

Dó Mi Sol Si Ré Fá Lá

❋❋

I

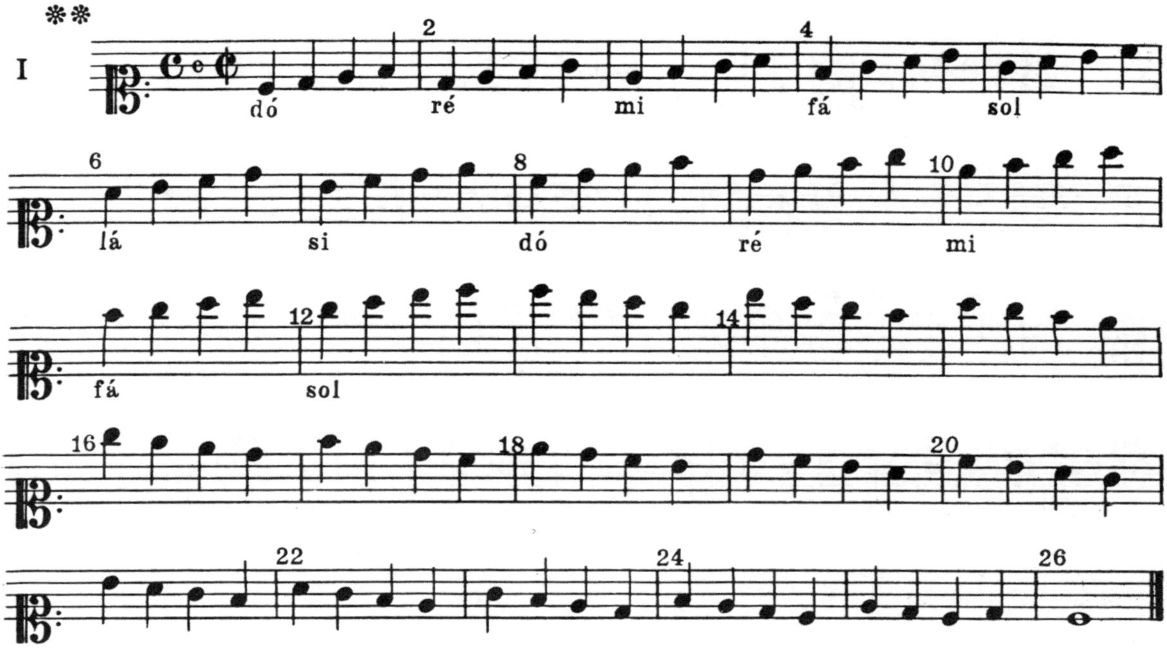

❋❋

2

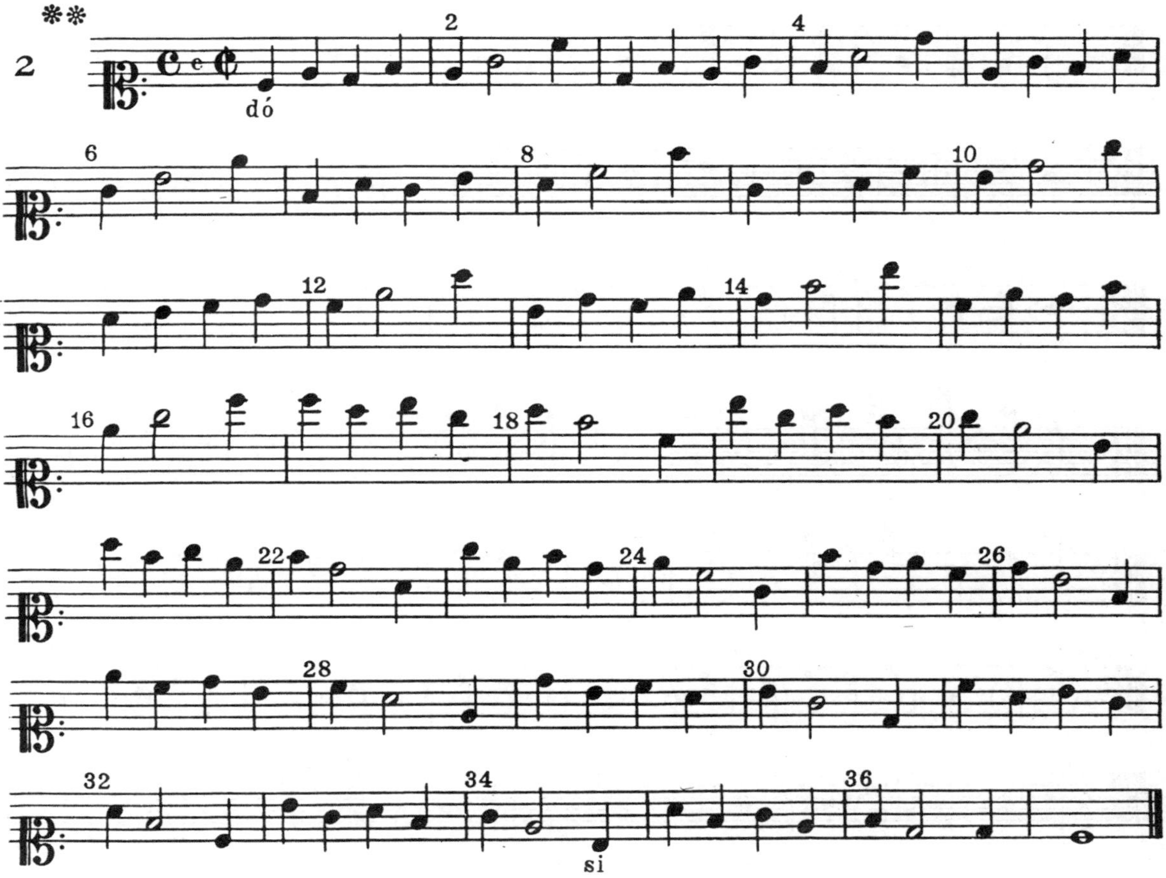

❊❊

3

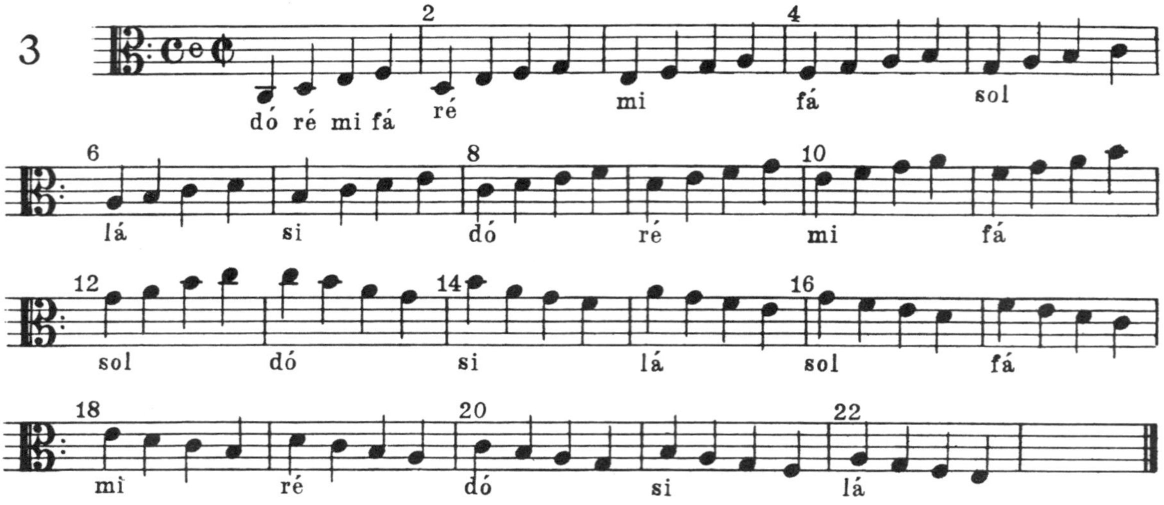
dó ré mi fá
ré
mi
fá
sol
lá
si
dó
ré
mi
fá
sol
dó
si
lá
sol
fá
mi
ré
dó
si
lá

❊❊

4

**

5

dó ré mi fá ré mi fá sol
lá si dó ré mi
fá sol lá si dó ré
sol fá mi ré dó

**

6

dó mi ré fá

32
34
36
38
40
42
44
46
48
50
si

**

7

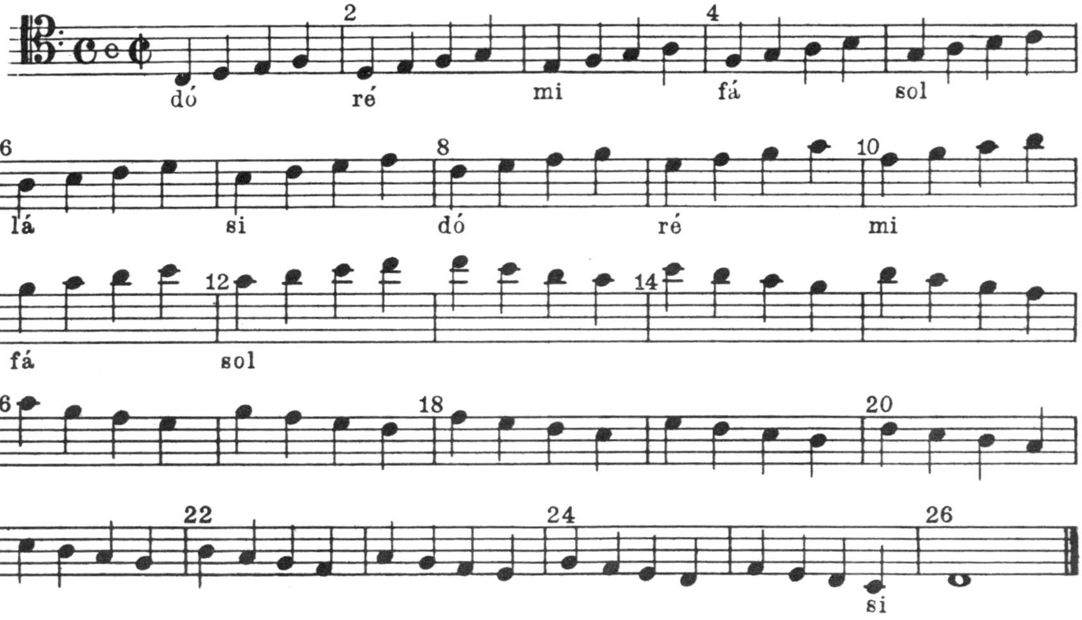
2
4
dó
ré
mi
fá
sol
6
8
10
lá
si
dó
ré
mi
fá
12
sol
14
16
18
20
22
24
26
si

**

8

2
4
dó mi ré fá
6
8
10
12
14

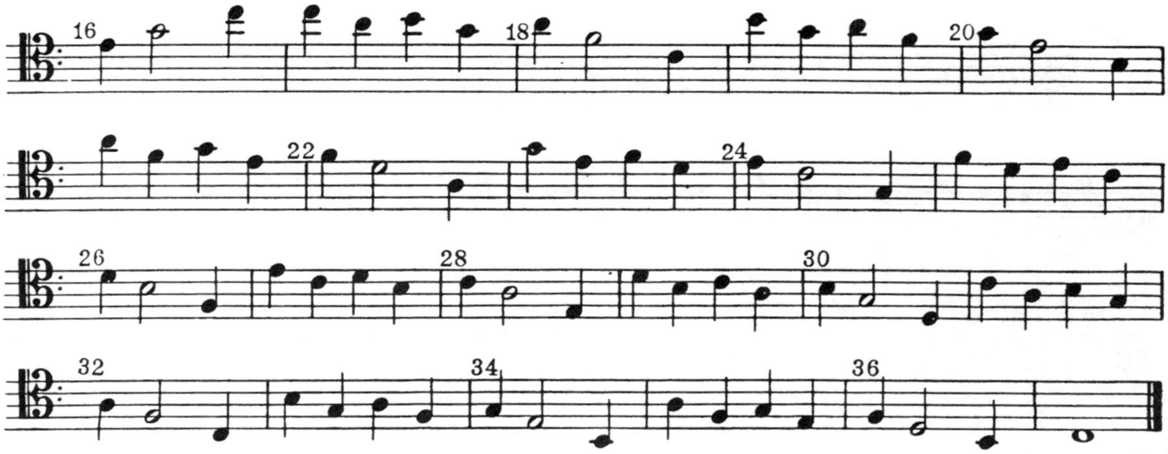

**

9

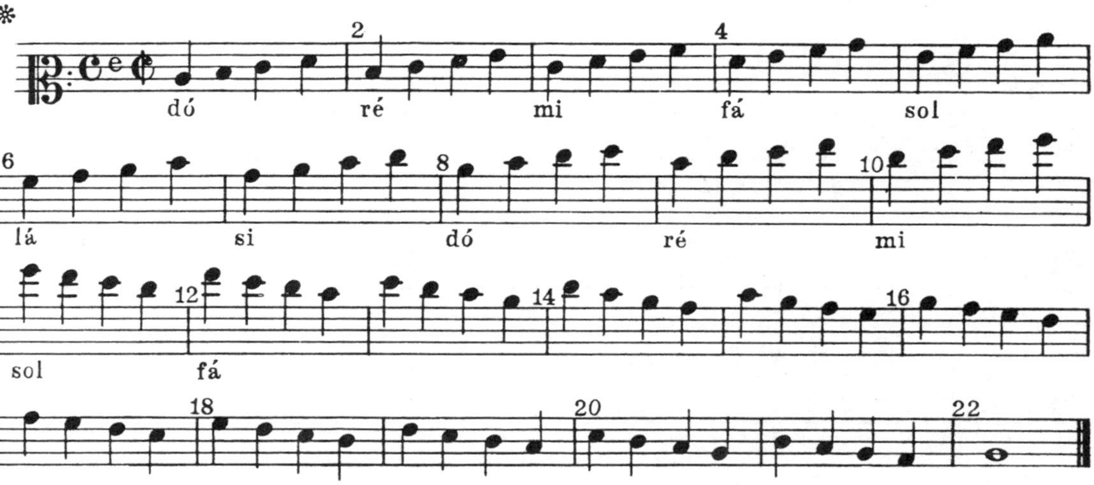

**

IO

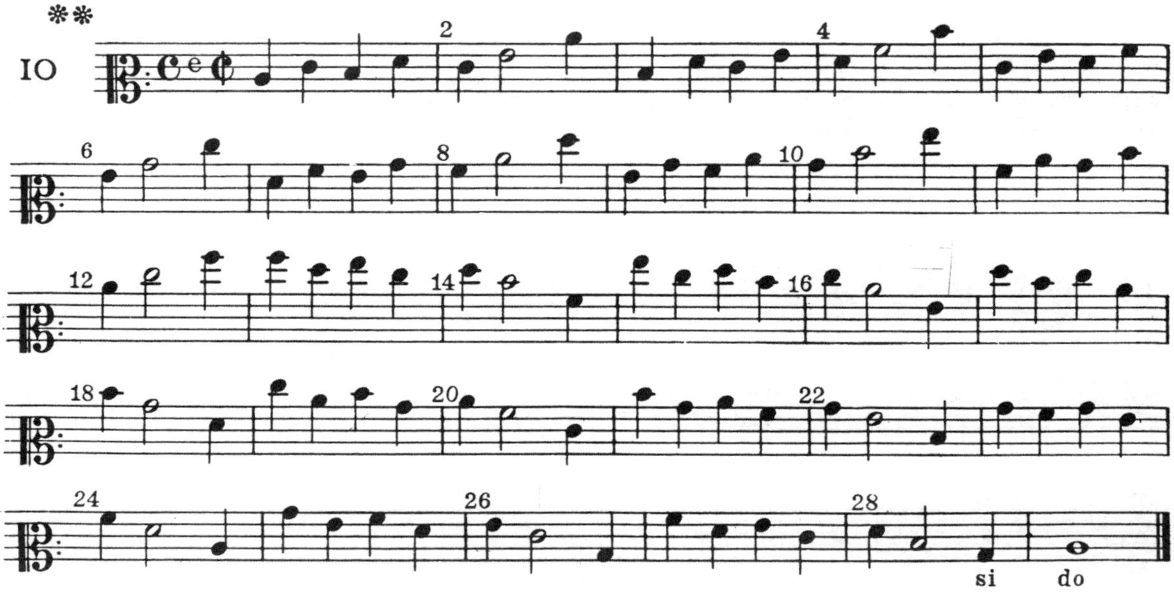

** 11

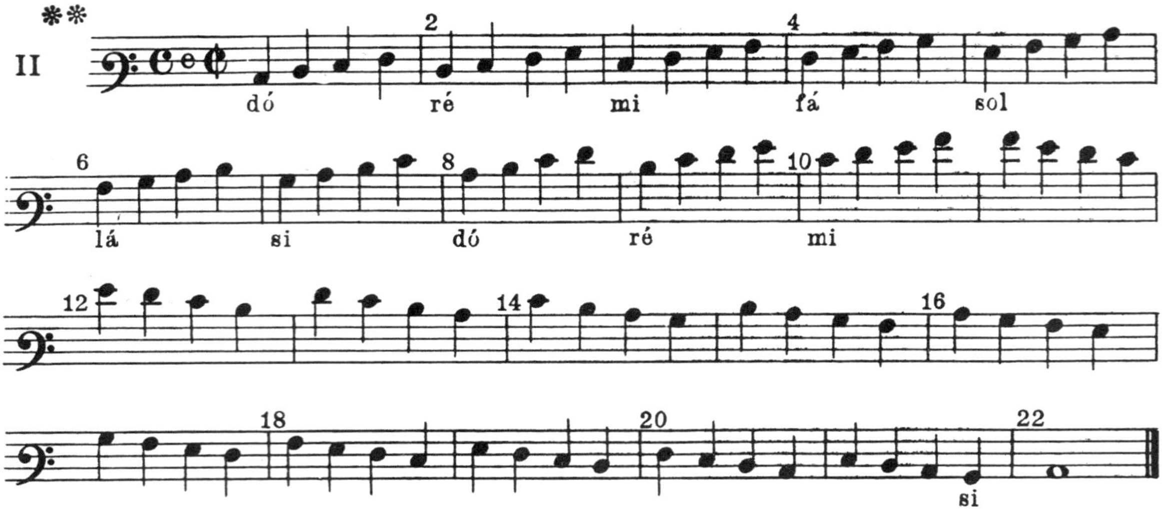

** 12

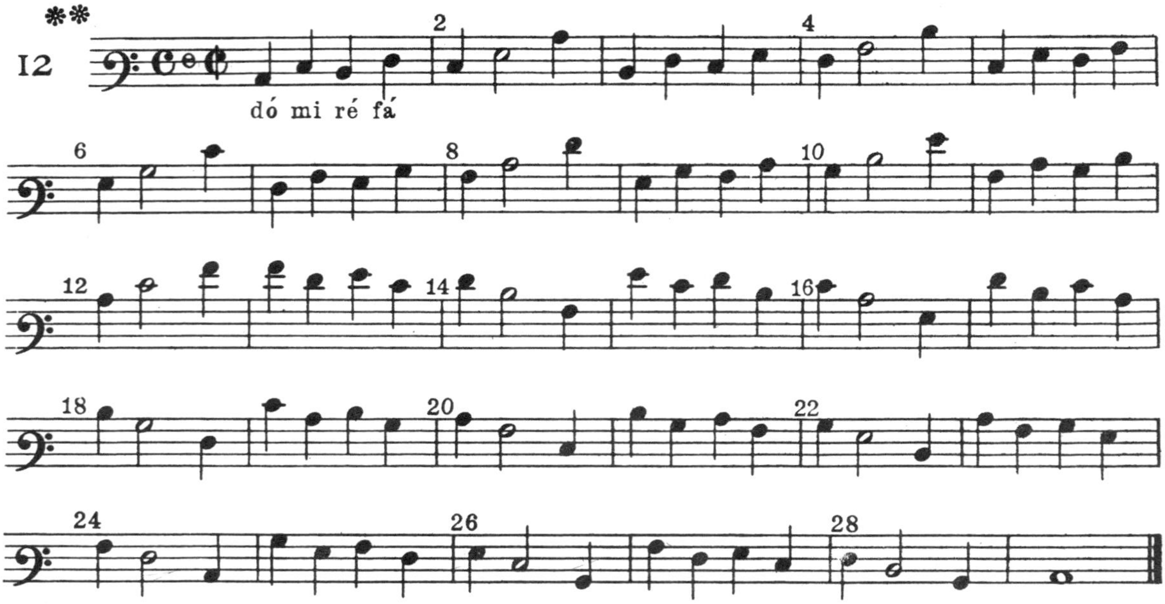

* 13

Largo

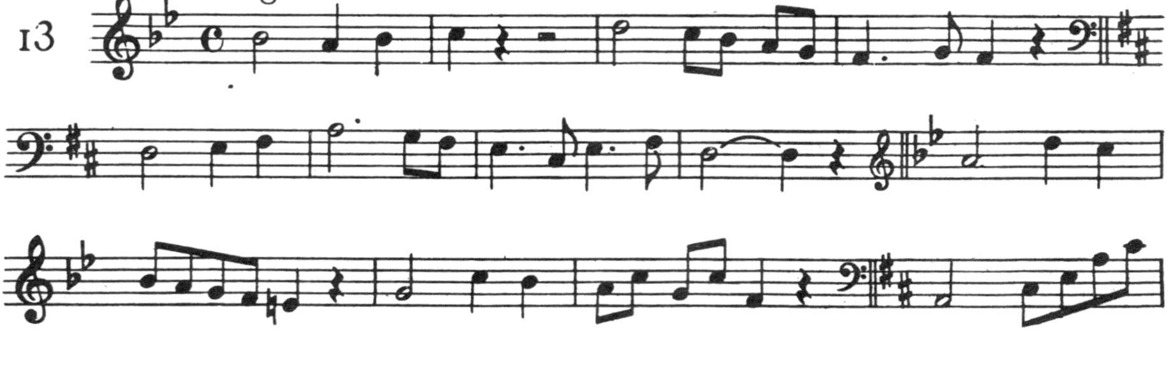

14 Moderato

15

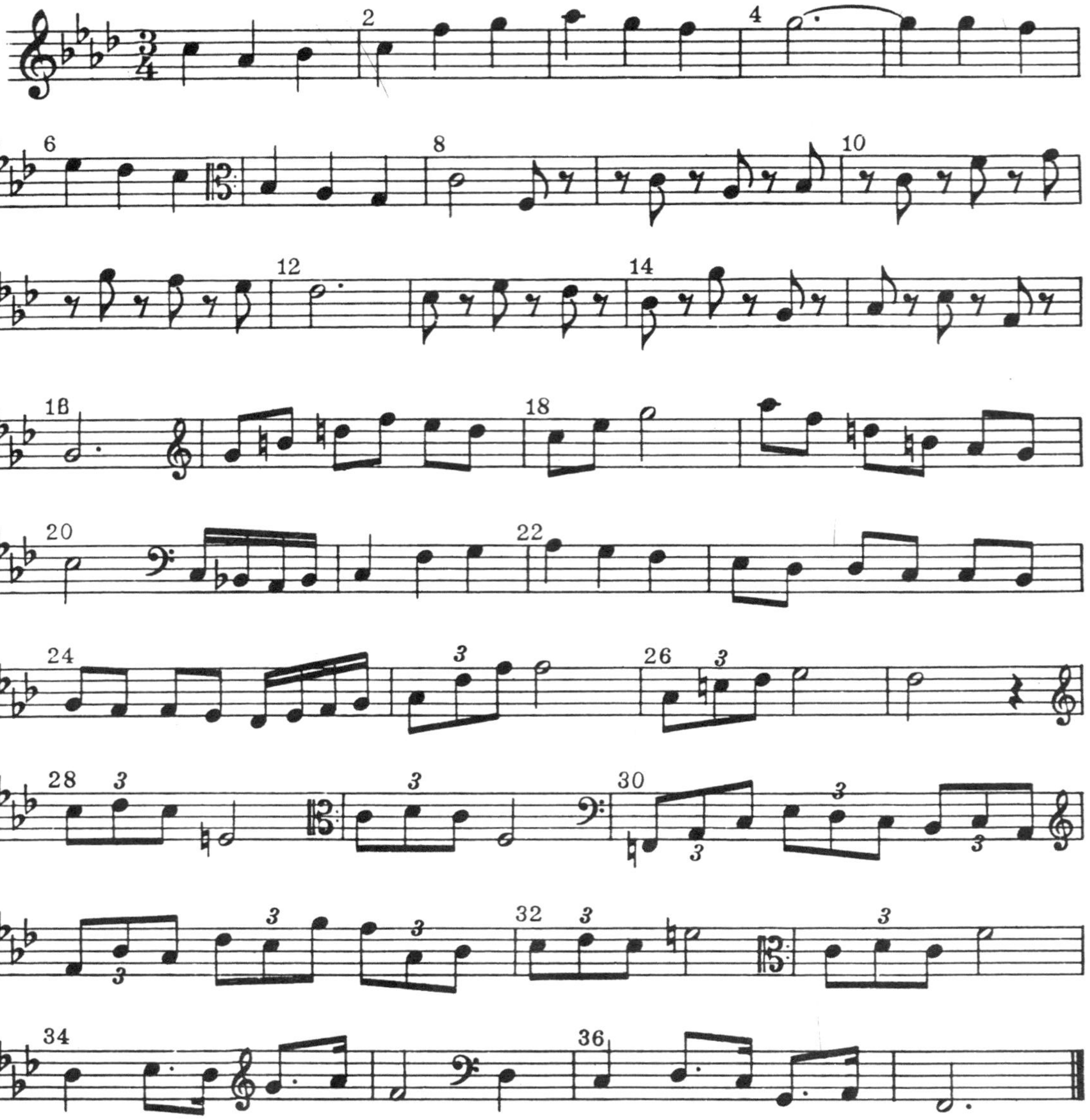

16

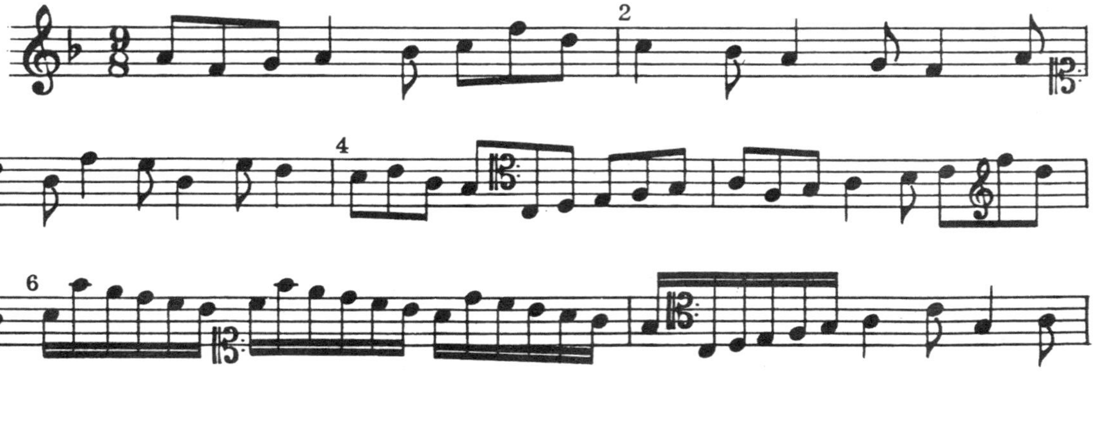

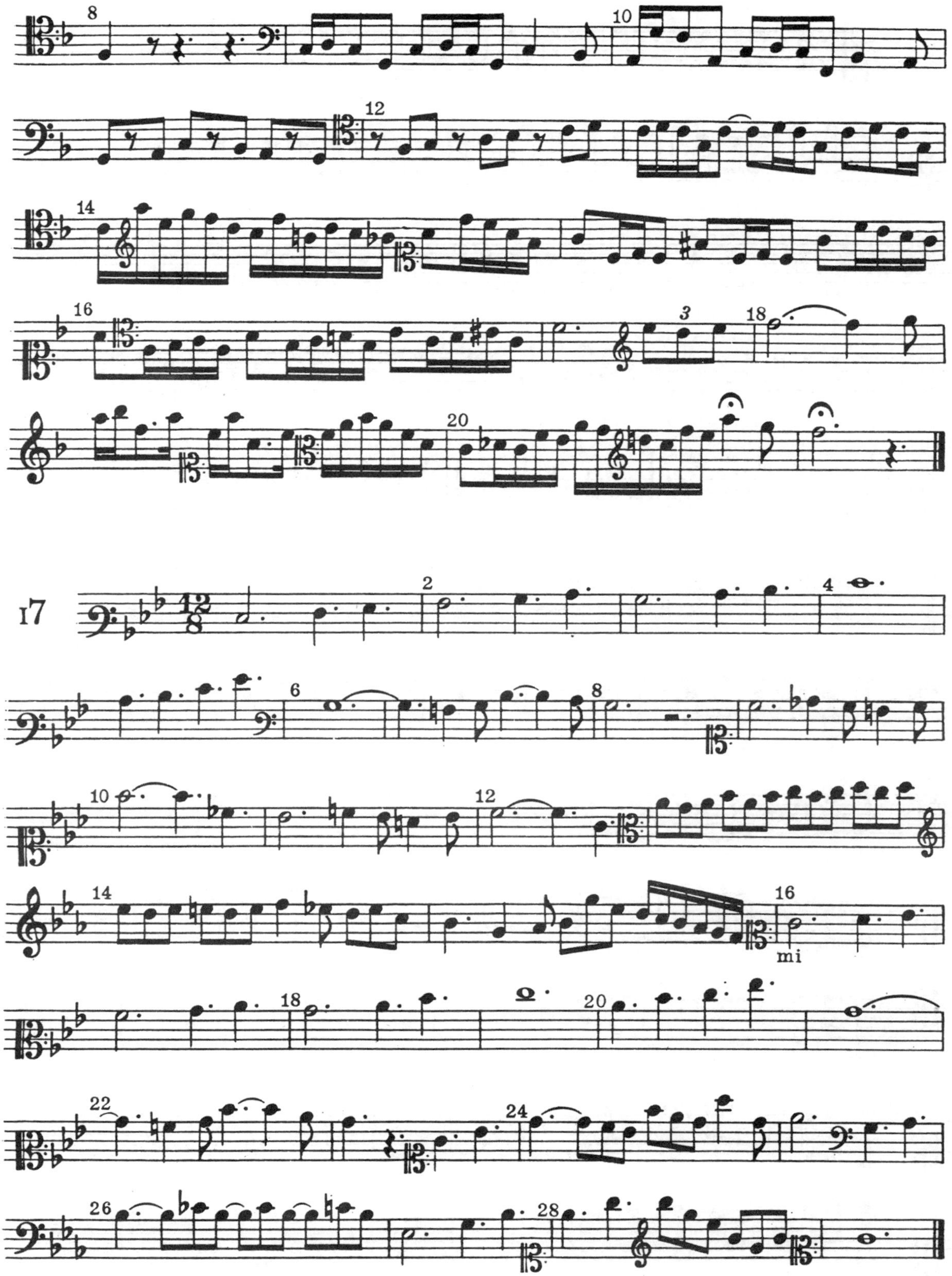
17
mi

18

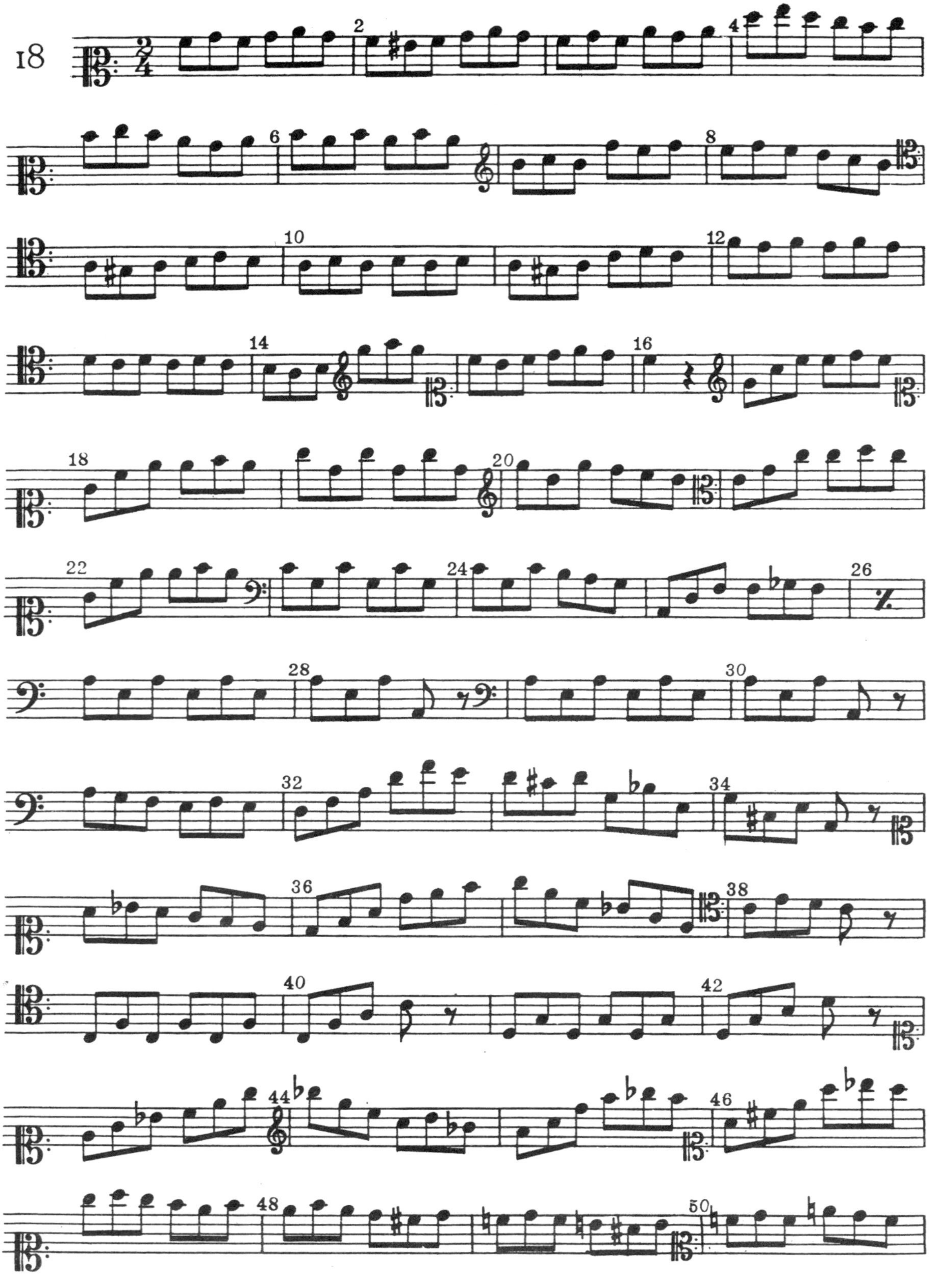

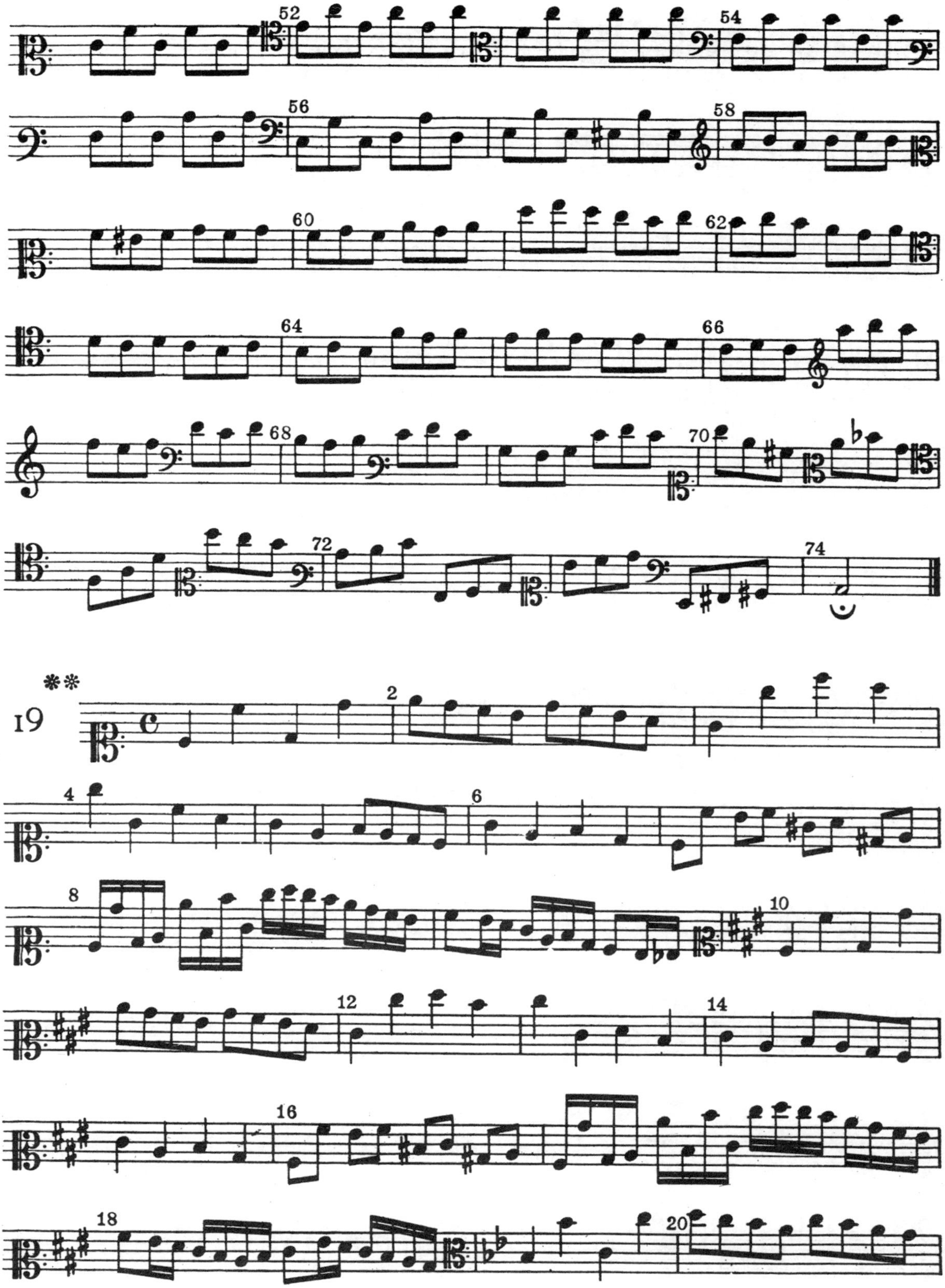
19

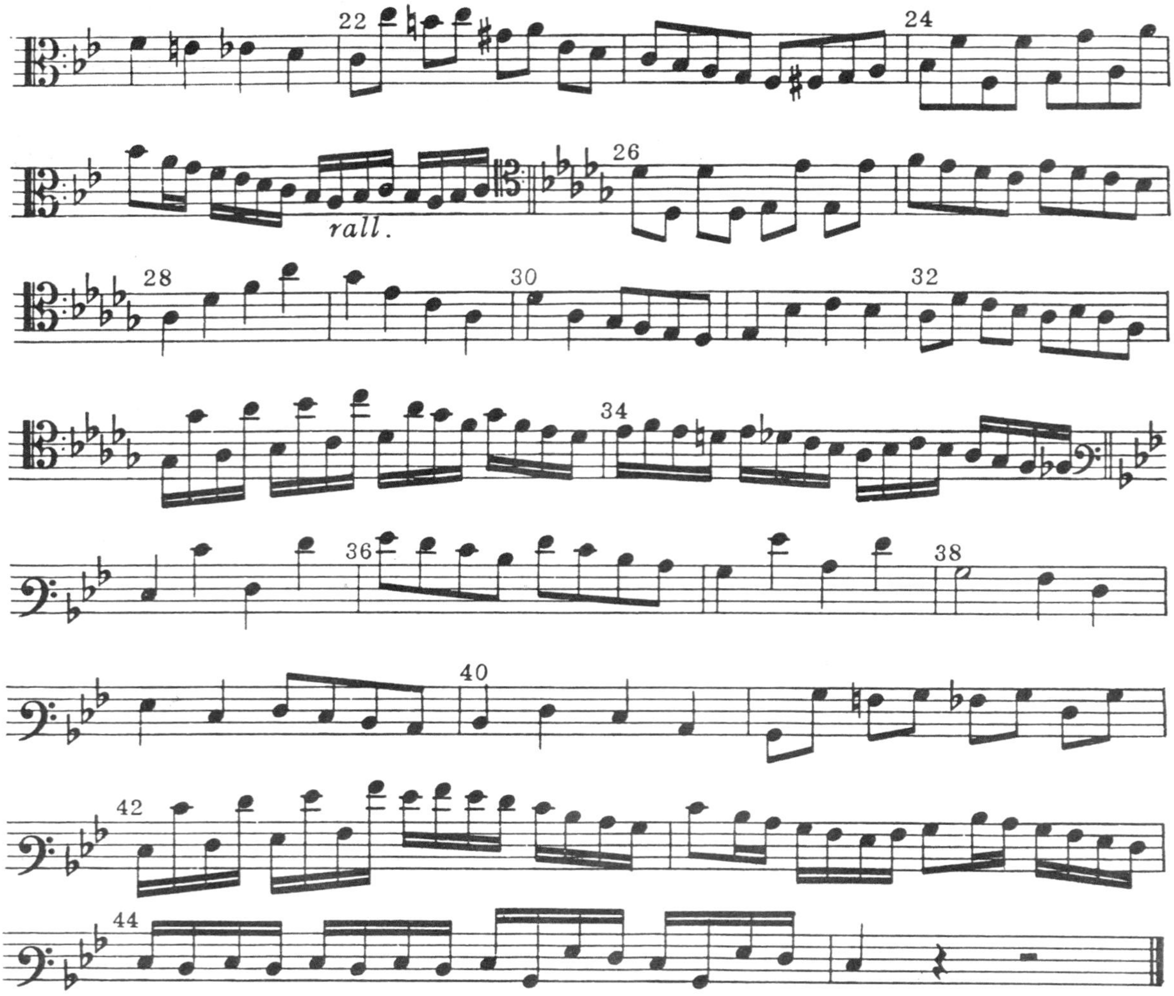

**

20

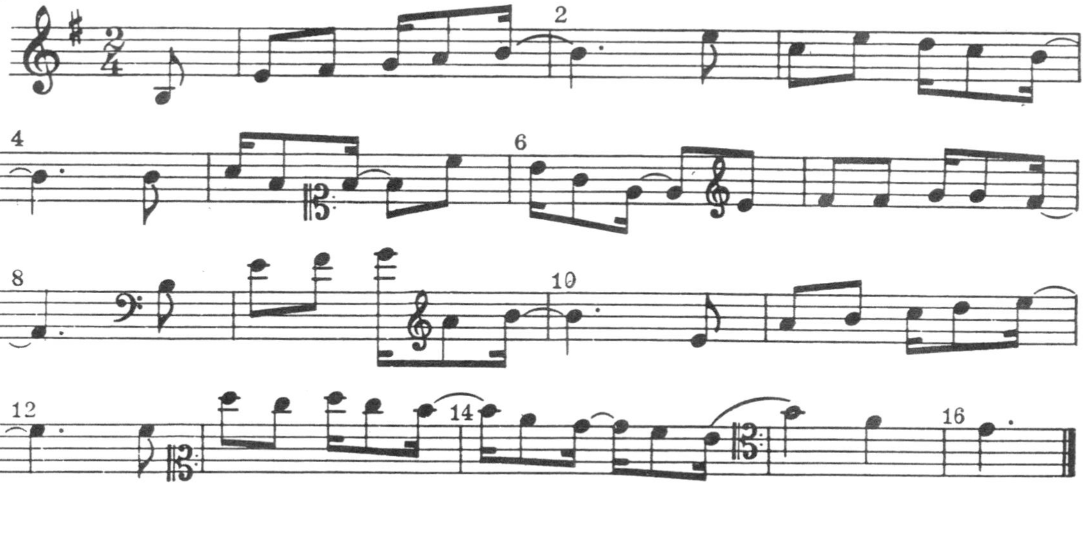

(anônimo)

(1) Para tal fim, o revisor deste livro proporia, tanto para a leitura métrica, como para o solfejo propriamente dito, (leitura entoada), o seguinte sistema:

Nomes tradicionais das notas:

Dó - ré - mi - fá - [G/sol] - lá - si

Passariam a ter a seguinte nomenclatura:

Naturais:	Dá, rá, má, fá, [gá] lá, sá.
Sustenidos:	Dé, ré, mé, fé, [gué] lé, sé.
Dobrados sustenidos:	Di, ri, mi, fi, [gui] li, si.
Bemois:	Dó, ró, mó, fó, [gó] ló, só.
Dobrados bemois:	Du, ru, mu, fu, [gu] lu, su.

A título de curiosidade, damos um pequeno exercício de leitura sobre este sistema:

1. Da de di 2. Ra re ri 3. Ma me mi 4. Fa fe fi
5. Ga gue gui 6. La le li 7. Sa se si 8. Da do du
9. Sa so su 10. La lo lu 11. Ga go gui 12. Fa fo fu
13. Ma mo mu 14. Ra ro ru 15. Da do du

Ob. - Afim de não coincidir a consoante S com a nota Sol e Si, resolvemos dar para a primeira, a letra G, correspondente ao sistema literal, letra essa que deu origem á clave de Sól